家庭と仕事の心理学

―子どもの育ちとワーク・ライフ・バランス―

尾形和男 編著

風間書房

はじめに

　ワーク・ライフ・バランスの考え方そのものは比較的最近登場してきたものですが，現代社会の人々の生活の在り方を根本的に変化させようとするものです。その考え方の中には仕事と家庭生活の両立という重要な側面を含むのは当然ですが，それ以上のことが含まれています。
　それは，余暇時間の活用に関連することですが，自分に与えられた時間の使い方によっては今までと全く異なる価値観や生き甲斐感が生じ，生きることの意味そのものが大きく変化する可能性を秘めているということです。つまり今までとは異なる価値観を持つことで心身共により豊かな新しい生活へと変化する可能性を有しています。
　今回，ワーク・ライフ・バランスの一側面について調査分析を行いましたが，その際に子どもが誕生してから大人になるまでのライフステージに基づいてワーク・ライフ・バランスの視点から検討を加えました。子どもの成長発達は単に親子関係だけではなく，家族の在り方も影響します。家族の在り方はまさに子どもの成長発達に沿って親が取り組む生活から生じる家庭環境そのものです。この家庭環境を生み出すのがワーク・ライフ・バランスの在り方です。幼い子どもの時期は両親にかかる負担が大きく，心身の疲労を伴いながら仕事と家庭生活，子育てと関わる範囲も広く重大です。また子どもの発達に伴い親子関係や両親の関係も少しずつ変化していきますが，微妙な変化もまた家庭そのものの変化を生み出し，子どもに，そして家族成員である夫婦にも影響をもたらします。しかも年月の経過と共に変化する家庭の中で生じる影響そのものも少しずつ変化しています。
　時代の流れとそこに渦巻く社会環境は我々の日常生活の様相に影響を与えます。それは取りも直さず家庭内と家庭外（仕事など）への関わり方を左右し，

家庭環境の状況を染めていきます。そして家族成員も特に子どもは影響を受けます。このような視点に基づいて，仕事と家庭生活そして余暇時間の活用や近隣との関わりなどの望ましい状況について検討を加えることは大切なことです。

　本書はこのような視点に基づいて，日常生活の中で過ごしている我々の生活の在り方からより望ましいワーク・ライフ・バランスとは何か，ということを追及しています。

　また，本書を作成するにあたり新進気鋭の研究者が加わり最新の情報に基づき調査と分析を進めました。調査は愛知県と埼玉，千葉県，東京を中心とする地域を対象とし，多くの方々のご協力を得て進めることが出来ました。その内容については多くの人に理解を深めていただくためにできるだけ平易な表現を心がけました。

　本書の内容がこれからの各家庭の豊かな生活に少しでも資することを願う次第です。

尾形　和男

目　次

はじめに　i

第Ⅰ部　ワーク・ライフ・バランスの現状と問題

第1章　多様な生活とワーク・ライフ・バランスの考え方 …………3

第2章　ワーク・ライフ・バランスの持つ意味 ……………………11
　事例1　大学卒業後，仕事に就いて間もない女性　11
　事例2　夫が会社員，パート勤務をしながら中学生の娘を持つ主婦　14
　事例3　夫は教員，3人の子どもを育てているパート勤めの30代主婦　16
　事例4　夫婦共働き，保育園に通う子どもを妻と共に育てている男性　19
　事例5　仕事を継続する中で，家族や子どもを大事にすることに新たに思いをはせる男性　22
　事例6　夫が教員として勤め，専業主婦として生活を続ける女性　24

第3章　ワーク・ライフ・バランスの必要性とその背景 ………29
　第1節　共働き家庭の増加　29
　第2節　労働時間　31
　第3節　女性の社会進出　34
　第4節　日本社会とジェンダーギャップ　38
　第5節　女性の生き方の変化―多様化への男性の対応・社会の対応―　39

第4章　ワーク・ライフ・バランスの現状と問題 …………………45
　第1節　子育てと仕事の両立　45

第2節　教師の労働状況と精神的健康　52

　第3節　女性の労働とジェンダーギャップ　54

　第4節　ライフステージとワーク・ライフ・バランス　57

　第5節　本書のねらい　59

第Ⅱ部　調査結果の紹介

第5章　ライフステージを通した家族形態別の生活の特徴 …………68

専業主婦家庭

　第1節　調査結果の概要　68

　第2節　各ライフステージにおける夫の生活状況の特徴　70

　第3節　調査結果から見る夫の生活状況と問題点　72

共働き家庭

　第1節　調査結果の概要　74

　第2節　各ライフステージにおける夫婦の生活状況の特徴　77

　第3節　調査結果から見る夫婦の生活状況と問題点　79

第6章　ライフステージを通した家族形態別の生活状況と夫婦関係…83

専業主婦家庭

　第1節　各ライフステージにおける夫の生活状況と夫婦関係　83

　第2節　調査結果から見る夫の生活状況と問題点　86

共働き家庭

　第1節　各ライフステージにおける夫婦の生活状況と夫婦関係　87

　第2節　調査結果から見る夫婦の生活状況と問題点　93

第7章 ライフステージを通した家族形態別の生活状況と家族成員のストレス …………………………………………………… 97

専業主婦家庭
第1節 各ライフステージにおける夫の生活状況と家族成員のストレス　97
第2節 調査結果から見る夫の生活状況と問題点　100

共働き家庭
第1節 各ライフステージにおける夫婦の生活状況と家族成員のストレス　102
第2節 調査結果から見る夫婦の生活状況と問題点　105

第8章 ライフステージを通した家族形態別の生活状況と家族機能 … 109

専業主婦家庭
第1節 各ライフステージにおける夫の生活状況と家族機能　109
第2節 調査結果から見る夫の生活状況と問題点　112

共働き家庭
第1節 各ライフステージにおける夫婦の生活状況と家族機能　114
第2節 調査結果から見る夫婦の生活状況と問題点　119

第9章 各ライフステージにおける家族形態別の夫婦関係，家族成員のストレス，家族機能の現状から見る望ましいワーク・ライフ・バランス …………………………………………………………… 123

第1節 専業主婦家庭　123
第2節 共働き家庭　127

第Ⅲ部　これからのワーク・ライフ・バランス

第10章　これからのワーク・ライフ・バランスに向けて……………137
　第1節　時代の変化に応じた対応　　137
　第2節　自己啓発と自己成長へ向けて　　142
　第3節　ワーク・ライフ・バランスと夫婦関係満足　　145
　第4節　ワーク・ライフ・バランスと子どもの成長・発達　　146
　第5節　キャリア教育とワーク・ライフ・バランス　　160

　巻末資料　　165
　あとがき　　175
　索引　　177

第Ⅰ部
ワーク・ライフ・バランスの現状と問題

第1章　多様な生活とワーク・ライフ・バランスの考え方

　わが国でワーク・ライフ・バランスの考え方が知られるようになったのは，1990年以降です。それは最近我が国の労働者の労働時間の長さが問題視され，それに伴う種々の問題が生じ，改めて労働と生活の在り方が問われるようになったことを受けてからです。具体的には就業している人の生活の在り方に焦点を当てて，仕事と家庭，自分の余暇時間の活用，地域社会との関わりなど我々の生活に関連するいくつかの部分をうまく活用して，仕事のみに陥りがちな生活を家庭，地域，自分の余暇時間などへの関わりをバランスよく送ることにより，心身共に健康でより人間らしい生活を送ることを目指したものです。

　ワーク・ライフ・バランスの考え方が進行する一方で，現代社会は価値観の多様化，生き方の多様化などの表現が多く見られるように，人間としてのあり方が非常に多岐にわたりつつあり，しかもそれが時代の流れに伴って少しずつ変化しているのが現状です。

　一人の人間として実社会に入り，何らかの仕事に就いていくようになると，そこには家庭と社会との繋がりの中での生活を余儀なくされていきます。社会との繋がりの中で生活する人間にとって，ストレスと直面することは当然のこととして受け入れざるを得ないことです。人間は高度な精神的な生き物である以上，いろいろな場面でいろいろなことを感じ，その都度ストレスと直面しながら生活しているのです。ストレスのない生活はないと考えるのが自然であり，そのストレスといかにして付き合うかということの方が現実的な捉え方です。しかし，そのストレスをできる限り最小限に抑え，できるだけ気持ちを安定させて生活を送ることが人間らしい生活を送るうえで重要な

課題といえます。このように考えるくらいにストレスは現代社会の生活の中で常に我々について回るものです。

　ストレスとともにある我々の生活を見たとき，長時間労働とそれに伴う心身の健康問題，子育ての問題，夫婦による協同生活の問題など枚挙にいとまがないくらい多くの現実的な課題と向き合っています。その一方で，高齢化に伴う高齢者の介護や看病の問題，女性の社会進出と待遇の問題など時代の流れの中で新たな問題も出現しています。さらにいえば，働く女性に家事・育児，両親の介護など多くの負担がかかり，家庭生活と仕事の両立はかなり厳しい状況にあるということも指摘できます。

　常に変化する時代の中で，生活と仕事等にバランスよく関わることにより，人間らしく生きていくことは大変重要でかつ基本的な課題といえ，安定した生活を送ることは普遍的な理想として認識し努力していくことが不可欠です。しかし，現実の生活は多くの問題を抱えており，実際にはワーク・ライフ・バランスに根差した生活とは程遠いのが現状のようです。このような現実を打開するために2007年「ワーク・ライフ・バランス憲章」が掲げられています。それは，国民一人一人が仕事と生活の調和を図ることによって経済成長を促進すること，つまりは誰もが意欲と能力を発揮して労働市場に参加することにより我が国の活力と成長力を高めること，ひいては少子化の流れを変えることに繋がることも期待されて掲げられたものです。このように，私たちの潤いのある質の高い生活そのものはワーク・ライフ・バランスと直結しているともいえますし，本来的には自己実現の1つであるとも考えられます。

　上記のことと関連して，ワーク・ライフ・バランスの底上げが進んでいますが，その1つの動きとして「働き方改革」という労働の問題に焦点を当てて時代の問題に対処するために幾つかの対策があげられています（厚生労働省，2017）。その中に目を通してみますと，①柔軟な働き方がしやすい環境整備，②女性・若者の人材育成など活躍しやすい環境整備，③病気の治療と仕

事の両立，④子育て・介護等と仕事の両立，障碍者の就労，⑤高齢者の就業促進，などが具体的な対策として示されています。

これらは全て現代の労働に携わる人々が抱える問題について，その改善を図るために取り上げられたものです。

ワーク・ライフ・バランスは基本的には家庭生活・仕事・余暇時間・地域への関わり，の要素を如何にバランスよく取るかということを念頭に置いた考え方ですが，「働き方改革」の指針には家庭生活，労働，余暇時間を念頭に置いた取り組みの考え方が紹介されています。

ここで，ワーク・ライフ・バランスという考え方の中に含まれることについて触れてみたいと思います。

まず第1にワーク・ライフ・バランスを構成する余暇時間の活用についてですが，本来余暇時間の活用は自分の時間を有効に使い心身の疲労を減少させるといった面は勿論ですが，自分の趣味を生かす，あるいは自己の生き方を広げる，あるいは深めるといった自己啓発に基づく自己実現に貢献していることが指摘できます。これは，知識を得ていろいろと学識を深める，新しいことに取り組み自己啓発を図る，あるいはスポーツなどによって健康を維持・増進する，自分の時間を作ることにより精神的な寛ぎを得てストレスの解消を図るといった幅広い取り組みの中から発生してくることが指摘できます。つまり，自己をより高い生き方や考え方に引き上げ，心身ともに人間として健康であり充実した生活を過ごすことといっても良いと思われます。言葉を換えれば，より新しい生活を構成して，より人間として豊かな生活を送るということになります。

第2に少子高齢化の時代に突入している現在，女性にかかる負担の立場からみて少子高齢化対策としての意味を持つことです。子育てにあたっている家庭では夫婦共にコミュニケーションを充分に取ることが必要であり，お互いに協力していくことが望ましく，妊婦としての母親も精神的な悩みに翻弄されることなく，安心して出産と育児にあたることが不可欠です。また，両

親の老後の世話に関しても最近，女性にかかる負担が大きいこともいわれており，親に対する介護援助も女性のみならず男性の方もより多くの参画を進めていく必要があります。このことは我が国において，男性が仕事中心であり女性は家事・育児を中心とする生活が進行してきましたが，現代においてもそのような固定的な考え方が依然として根強く残っているために女性にかかる負担が大きく，女性のワーク・ライフ・バランスが十分に実現されていないことが指摘されています。

　第3に女性としての社会参画については男女共同参画としての位置づけがあります。特に，現代社会では女性の社会進出が高まりつつあり，それに伴って職場進出も急激に増加しています。従来女性は職場では男性よりも低く評価され，持っている能力を十分に発揮できる機会も十分に与えられないままに仕事に従事してきていました。しかし，女性としての生き方の変化や能力の追求などの機運の高まりに伴って，男女平等の視点に基づいた労働条件が整備されてきています。このような機運の中，今まで以上に女性として一人の人間として，仕事と家庭に充実して従事しワーク・ライフ・バランスに基づいた人間らしい生活を送ることが必然的に求められています。

　第4に，地域社会との関わりの中に新しい視点が求められていることが指摘できます。地域への関わりは町内会の行事や話し合いが中心になっていることが多いようです。季節に応じて子どものための催しを企画したりなどの取り組み数そのものは少子化の影響もあり，徐々に少なくなりましたが，今でもこのような取り組みを行っている地域もあります。地域社会との関わりは子どもの成長・発達に寄与するだけでなく，参画している大人のワーク・ライフ・バランスを促進するための重要な領域の一つとして指摘でき，地域社会への関わりによって，人々との関わりや諸活動を通して本人の精神的健康や生き甲斐感などを高めるといった多くのメリットがあげられ，それによって個人的な成長に繋がるものと考えられるのです。しかし，最近の少子化，高齢化，核家族化の現象に伴って，地域社会への関わりは従来とは異なった

意味合いを持つようになっています。それは，教育との関連性の中で新しい展開が起こっていることです。具体的には，少子化現象によって地域で遊ぶ子どもの数が減ってきており，子ども同士の交流の減少とともに地域での子どもの活動そのものが減少してきています。そのために地域ぐるみで子どもを見ることが必要事項となってきているのです。また，子どもの成長・発達は学校でのみ支えることが難しくなってきているので，家庭や地域も学校や幼稚園・保育園との連携をとりながら教育を補完的に進めて行くことが求められています。教育の世界でも「地域連携」といわれるように，学校や幼稚園・保育園と家庭そして地域社会で一体となって子どもを見守り育てていこうという動きが出ており，新たにコミュニティ・保育や，コミュニティ・スクールといった言葉も出ています。これは教育再生としての意味合いを持ちますがその取り組みの具体例の一つとして，全国各地に「おやじの会」が多くあり，地域ごとに各小学校や中学校と連携して組織を作り定期的な会議を開催し，地域ぐるみで子どもの教育などを行っています。教員も加わり親子によるゲーム大会，ボランティア活動，スポーツ大会など多彩な取り組みが行われています。その会の構成メンバーは父親に限らず，年輩の方や母親も加わって活発な活動を展開していますが，県単位で毎年大きな集会を持ち，地域ごとの活動の報告と紹介なども行っており，地域ごとの交流を広めると同時に深まりを進め，活動そのものを人々の交流と同時に子どもの教育として意味のある重要なものとして位置付けています。さらには全国レベルでの大会や交流も実施されています。このように，地域との交流にも人を育てるといった重要な内容を持った活動があり，活動そのものの中に生き甲斐を見出すことも十分に可能なのです。

　京須・橋本（2007）はおやじの会の機能として，学校と密接な関係を結ぶことでコミュニティにその位置を見出して既存のコミュニティの機能を修復する機能を持つとしており，これからの新しい活動の様式として取り上げています。現在全国に 3,000 〜 4,000 の団体が存在するといわれています。

コミュニティ・スクールは本来的に学校の保護者・地域住民（町会，青少年委員），校長などから成る「学校運営委員会」と「学校」が連携して教育活動の展開などを行うもので，地域の住民が関わることが特色となります。したがって，おやじの会もその一つの例ですが，この会の活動は，地域活動として新しい視点であると思われます。

　同様に，少子化の波の中，夫婦で幼い子どもの子育てを行っている家庭でも，子育てに悩んだりする母親も多く見かけます。そのような母親への援助として保育園などで行われている園の開放に伴う育児相談や，園の子どもたちに近隣のお父さんやおじいさんおばあさんが参加して子どもとの交流を地域ぐるみで推進する取り組みも行われています。まさに地域が子育てに関与する例であり，そこに関わる高齢者や父親にとってはワーク・ライフ・バランスの営みそのものです。まさに教育再生の営みです。このように，地域での関わりも時代とともに単なる地域交流だけではなく，地域ぐるみで子どもを育てるためのものに変化しつつあり，ワーク・ライフ・バランスの新しい視点が付加されるようになっています。これらの活動は全国的に少しずつ必要とされるようになっており，教育の視点からより有効なものと考えられます。

　上記4つの指摘とは別になりますが，「働き方改革」の④で示しました高齢者の就業促進についても触れます。

　世界との比較の中で日本の高齢者の労働意欲は諸外国に比較して高いことが指摘されています（内閣府，2015）。これは，経済的に収入を得ようとすることと同時に，生き甲斐を求めて職に就こうとする高齢者が多いことを示すのですが，老後まで人間らしく生きようとする生き方に関しても改めて高齢者のワーク・ライフ・バランスについての検討を進めることも必要です。

　また，高齢者の増加に伴って高齢の夫婦も多くなってきており，結果として福祉政策としての援助は必要であるものの，地域で関心を持って高齢者を支援していくこともさらに必要になるでしょう。地域に根差した人と人の繋がりは何かにつけて，お互いのコミュニケーションを図り，より気持ちの結

びついた人間らしい生活を豊かにするものです。そのために隣り近所で高齢者の繋がりを保ちコミュニケーションを図ることも地域活動の需要な活動になります。このようにみると，地域活動への関わりは単なる地域活動ではなく，教育と老人福祉など援助に関わる人の生き方や援助の対象になる人そのものに大きな影響を与える重要な意味を持つ内容に変化していくことも指摘できるのです。

　これからの生活は基本的に仕事は時間に追われてただただ慌ただしく過ごすといった心身の疲労の積み重ねにのみ追われた性質のものではなく，仕事をすることによって精神的に安定し成長するような，ディーセント・ワーク（Decent・Work：働き甲斐のある人間らしい仕事）[1]であることも求められます。そのためには仕事以外にも，家族との十分な交流の場や余暇時間の有効な活用，そして地域との関わりなどの事柄が十分に生かされることが不可欠であり，そのことによって生き生きとした生活充実感を持つことが可能となり仕事の持つ本来の魅力が感じられるのではないでしょうか。

引用・参考文献

　厚生労働省　2017　働き方改革実行計画　http://www.kantei.go.jp/jp/singi/hatarakikata/（アクセス日：2017 年 11 月 20 日）
　京須希実子・橋本鉱市　2007　「おやじの会」と父親の育児参加（2）―B 会を事例として―　東北大学大学院教育学研究科研究年報，55(2), 13-25.
　内閣府　2015　第 7 回高齢者の生活と意識に関する国際比較調査
　内閣府　2007　仕事と生活の調和（ワーク・ライフ・バランス）憲章（http://wwwa.cao.go.jp/wlb/government/20barrier_html/20html/charter.html）（アクセス日：2014 年 8 月 25 日）
　尾形和男　2011　父親の心理学　北大路書房

---

[1]　ディーセント・ワークという言葉は，1999 年の第 87 回 ILO 総会に提出されたファン・ソマビア事務局長の報告で初めて用いられたものです。その本来の意味は，権利が保障され，十分な収入を生み出し，適切な社会的保護が与えられる生産的な仕事を意味します。

第2章　ワーク・ライフ・バランスの持つ意味

　ワーク・ライフ・バランスの持つ意味を考えて頂くために，幾つかの事例を紹介したいと思います。ここで紹介するのは，共働き家庭と専業主婦家庭が中心となりますが，多くの人が抱えている生活への取り組みは各家庭の夫や妻の仕事の状況や子どもの就学年齢などが関連し，生活の状況が個々に異なります。それに応じてワーク・ライフ・バランスの状況も多岐に渡るということが紹介されています。仕事，家庭，自分の余暇時間，地域との関わりなどワーク・ライフ・バランスを模索しながらそれぞれ異なる生活の様子が紹介されています。どのような生き方が良いのかという結論はたやすく導き出されるものではありませんが，各家庭ともに夫婦それぞれが家庭を少しでも良くしようとする基本的な視点から各々取り組んでいます。

　ここで紹介する生活の在り方から，現状を理解すると同時に自分の生活を改めて見直すことや，今後に向けた改善策など学ぶことが多くあるかと思います。このような視点から各事例を参考にして頂きたいと思います。

事例1　大学卒業後，仕事に就いて間もない女性（Sさん[1]）

　現在私は20代で，50代の母親と二人暮らしをしています。私は契約社員としてデータ入力の仕事をしています。勤務時間は平日11時から20時までですが，繁忙期は毎日のように残業が2時間ほどあります。特に忙しい月は休日出勤もあります。母はパートとしてシフト制の週休2日で8時から17

---

[1]　Sさんは大学を卒業したばかりで，今までの学生生活とは違う生活に戸惑いを感じていますが，徐々に仕事に取り組む意味を感じています。

時までの仕事をしています。母は残業が多い時で1時間から2時間ほどあります。

　私は出勤時間が11時からと少し遅めなので，起床時間は学生の頃とあまり変わらず，睡眠時間も7時間から8時間は取れるため，無理のない生活リズムで過ごせています。しかし，繁忙期になると毎日のように2時間近く残業をしているため，帰宅時間が23時頃になり就寝時間が午前2時近くになることが多くなります。定時で上がれる時よりも2度間近く睡眠時間が減るため，生活リズムが崩れ睡眠不足になります。この睡眠不足が，生活の様々なところで悪影響を及ぼし苦労しました。特に，出勤時間の関係上母と生活リズムが異なるため，食事に関しては各自で準備し食べるようにしているので，食生活面では苦労しました。

　睡眠不足が続くと朝は目覚めが悪くなり，目覚めが悪い日は朝食を食べる気になれず，起きてもぼーっとしてしまい支度もなかなか進まずお弁当を作ることが出来ないこともありました。また，仕事から帰宅後は空腹を感じながらも睡眠を優先させるため，お風呂にすぐ入り夕飯は食べずに寝てしまうこともありました。

　食生活面以外にも休日は遅くまで寝てしまい，1日を無駄にすることもあり，友人と約束があっても寝ていたいなという気持ちになることもありました。特に残業が多い月は，心身ともに疲れてしまい少しのことでイライラしてしまったり落ち込みやすくなってしまい，母とぶつかることもあり精神的にも苦労することが多くなりました。

　睡眠不足だと分かっていても，残業があるとなかなか睡眠時間を増やすことは難しいため，仕事以外の時は，気分転換になることや疲れが取れそうなことをやるように工夫しています。例えば，仕事は長時間座りっぱなしのでデータ入力の仕事のため，少しでもリラックスした身体の疲れが取れるように，気が付いたときには伸びをしたりストレッチをするようにしたり，休日には1日1回は少しの時間でも外出して歩くようにしています。

また，仕事の日の食事に関しては，残業の多さや自分の体調に合わせてお弁当を作らない日を決めることもあり，夕飯は簡単なものや野菜だけでも食べるようにしました。この気持ちの切り替えでちゃんとやらなければいけないと気持ちから少しずつ解放されて，心身ともに無理なく過ごすことができるようになりました。他の家事に関しては，母も仕事をしているので自分の仕事の日に合わせて分担してお互いに負担にならないように行っています。私が休日の時は殆どの家事を自分でやり，私が仕事の時は主に食器洗いやお風呂掃除などをして，他の家事は母がやってくれるといった感じです。

　社会人になって学生のころに比べると，家事をする機会も増え，仕事も残業が少し多く睡眠不足になり苦労することもたくさんありましたが，2つ仕事をしていて良かったなあと思うことがありました。

　1つ目は，仕事をすることで家族以外の人と関わることが出来ることです。それも学生の時とは全く違う幅広い年代の人たちや様々な体験をしている人たちと関わることが出来るので，自分の知らないことを知ることができ，そこから視野が広がりそれが私の中でいい刺激になって家族との会話のきっかけになり，私生活にいい影響を与えてくれているなと思います。

　2つ目は，仕事をしているから自分の時間を大切にすることができ，毎日充実した日々を送れているのだなあと思いました。学生の頃の休日は殆どアルバイトをしていたので，自分の時間がとても少なく，たまにあるアルバイトのない休日も課題をやるか，携帯のゲームをしたり，ただ何となく過ごしてしまったような気がします。しかし，社会人になって大学とアルバイトだった日々が仕事と休日に変わったことで，学生の頃と比べると家事を手伝う余裕ができ，自分の時間が増え趣味を楽しんだりすることができるようになりました。学生の頃は携帯ゲームばかりやっていましたが，今はコロリアージュという塗り絵に取り組むようになり，また仕事で室内にいる時間が多いせいか散歩によく出かけるようになったりなど，様々なことを楽しめています。でもそれは，仕事をしっかり頑張っているからこそ休日を楽しむことが

でき，休日を楽しみにしているから仕事を頑張ることができるのだなと思っています。

事例2　夫が会社員，パート勤務をしながら中学生の娘を持つ主婦 (Rさん[2])

　私は40代で同じく40代の会社員の夫と中学生の娘がいるパート勤めの主婦です。家は2世帯住宅で1階に夫の両親が住み，玄関以外は全て別という生活です。

　パートは日曜日から木曜日の10時から14時までで，毎日30分から1時間の早出，残業があります。夫の職場は月曜日から土曜日の8時から16時までで，毎日1時間から2時間の早出，残業があります。土曜日だけは8時から13時の勤務時間になっています。

　娘は特別支援学校に通い，バス通学で帰りも早いため，放課後はデイサービスに預けています。私のパート先は娘が学校へ行っている間働けるという理由で選びましたが，勤務日が日曜日もあるのでその日は夫に見てもらうか，夫の両親に預けて仕事に行っています。基本的には夫も私も正月以外の連休はないので，祝日は生活サポートという地域の制度を利用して，娘はヘルパーさんと外出しています。夫は日曜日が休みですが私は日曜日の出勤なので家族で外出する場合は前もってどちらかが有給休暇を取るようにしています。

　私の家族の余暇時間の過ごし方ですが，私と夫は趣味が違うので前もってお互いの予定を確認し合って別々に外出することが多く，娘も私か夫のどちらかと外出することもあります。

　また，隣近所との関わりについては夫の両親が一階に住んでいるため，自治会などの活動は両親と地域の方々にお願いしてやってもらうことが多く，自分が関わることは少ないと思います。

---

[2] Rさんは夫との共働き家庭ですが，子育ての大変さを夫にも理解してもらえるようにと思いながらも，現在に至っています。

一方，家庭内の家事については私が 10 時から 14 時勤務のためほぼ自分が担当していますが，要領が悪く不器用なために一度に沢山のことをやるのは苦手で，掃除などは休日にやるようにしています。疲れている時食事は手を抜きがちになってしまいます。食事はご飯をまとめて炊いて冷凍したり，忙しい時は冷凍食品を利用するなど無理をしないように工夫しています。

　このように振り返ってみると，余暇活動，地域との関わり，家事，子育て全てが家族や地域のサポートによって仕事と両立できています。

　また，自分が仕事をしていて良かったと思うことがあります。それは娘に障害があり，一人っ子で人とのコミュニケーションが苦手で何かと手がかかりますが，地域のデイサービス，生活サポートという制度を利用することによって，家族や学校以外の人とのコミュニケーションが取れて良い勉強になっている点です。この制度は私が働いていなければ利用しなかったかもしれません。実は私も一人っ子で多くの人とコミュニケーションを取るのは苦手です。私の職場は 100 人以上の女性ばかりの職場で，仕事をしていると色々と大変なこともありますが，多くの人とコミュニケーションが取れるので私にとって良い勉強になっているんです。職場は私より年上の女性が多く，同世代でも自分より人生経験の豊富な女性が多いので，家事や子育てしながら仕事を両立させる体験談が聞けたり，家庭での愚痴を聞いてもらったりすることもあります。夫も私が働いていなければ娘と 2 人だけで外出したり，PTA 役員の仕事を手伝ってくれなかったと思います。

　これだけいろいろなサポートを受けていても，うまく行かず，ストレスがたまる時もあります。そんな時は SNS で繋がっている方や友人，家族に愚痴を聞いてもらったりもしています。余り愚痴をいうのは良くないなと思いつつ，聞いてもらってすっきりして前向きになれたりします。

　毎日の生活の中で仕事との両立を図るうえで苦労したことについて述べたいと思います。それは，娘が急に熱を出したり怪我をした時です。以前に子どもが怪我で入院して連続して仕事を休まなければならいという時がありま

した。その時はとても苦労しました。また，台風などで突然学校が休校になっても仕事には行かなければならないので，急きょ夫の両親に預けるということもあります。今のパートを始めた時，慣れないうちは疲れがたまり，休日も入院している娘の病院へ行ったり学校のサークル活動で自分のことが余りできず，また家事がおろそかになり悩むこともありました。しかし，私の両親に「掃除は完璧にやらなくても死ぬわけじゃないし，食事だって昔と違って今はコンビニで24時間いつでもお弁当が買えるじゃない」といわれ，気が楽になり，今でも悩んだときはその言葉を思い出し頑張っています。私の周りにはお子さんを育てながら，社員として8時間勤務をしている友人が沢山います。私の場合まだまだ色々と考えて工夫すればやっていけると思います。

　そんなことを思いながらも実は「夫にもっと家事を手伝ってもらいたい」，「料理がだめなら洗い物くらいして欲しい」，「お風呂掃除をして欲しい」など色々と思いながらも夫の方が長い時間働いて，給料も多いことを考えるといえず，自分が我慢すればいいと思い，周りの人に愚痴るという風になってしまっています。娘が小さい頃は夫に家事や子育てにも参加して欲しくて何度もお願いもしましたが，長く続くことなく結局私が殆どやることになってしまっています。いつしか夫とこのことについて議論するのも面倒になり「今のままでいいや」と思うようになっています。家事に参加してもらう努力をしなくては状況は良くなりません。そのためにはもっと夫とコミュニケーションを取っていくべきだと感じています。「相手のことを思い，何でも話し合う」，これからはこれを目標にしてストレスを減らすことができたらと思っています。

事例3　夫は教員，3人の子どもを育てているパート勤めの30代主婦（Cさん[3]）

　私は30代女性，公立学校の補助職員をしています。パートです。夫は40

代教員です。3人の子どもがいます。小学生2人，幼児1人です。

　私は，子どもが小さいうちは家にいて子どものそばにいたいと思っていました。10年近く家庭におり，毎日平穏で何よりでしたが，単調で刺激のない日常に変化を望むようにもなりました。また，少しでも収入を得られれば子どもに習い事の1つでもさせてあげられると思い，社会復帰を考えるようになりました。第3子が幼稚園に入園して1年経って慣れた頃，仕事を始めることにしました。

　月曜日から金曜日まで週5日，1日5時間（午前8時20分から午後1時20分）の勤務です。定時に退勤できない時もありますが，小学生の子どもの帰宅時間前には退勤でき，「お帰り」と家で迎えることが出来ます。第3子の幼稚園は今年度から認定子ども園に変わり，保育認定（短時間）が受けられ午後4時半まで預けることが出来るようになりました。大変助かっています。

　夏休みなどの長期休業中の勤務はありません。学校が休みの時は私の勤務もないため，学童などに子どもを預ける必要もありません。子どもの学校行事や，急な病気などの場合は市内に住んでいる両親に協力してもらうことも出来ますし，突然の欠勤にも快く対応してくださる職場なので，大変恵まれています。私の周りには，行きたくないという子どもを仕事上仕方なく学童に預けているというご家庭もたくさんあります。その中で，私の勤務態様も認定子ども園という制度も我が家にとっては大変ありがたいことといえます。

　たくさんの収入は得られませんが，少しばかりは家計の足しになりますし，子どもがやりたいという習い事もさせてあげられるようになりました。職場での新たな人間関係も築くことができ，良い刺激を受けていろいろなことを学べます。大変なことは勿論ありますが，仕事を始めて良かったと思っています。

3）　幼稚園，小学校に通う子どもを育てながら，パートの勤務を抱えるかたわら，夫とその両親また近所の人と協力しあいながら日々生活を送っています。

私が仕事をすることによって，なるべく子どもの日常生活には負担をかけないようにと配慮しています。恵まれた環境のおかげで大きな変化はないと思っていますが，あるとすれば私の心のゆとりがなくなってしまうことです。これは仕事をしていない時にもあったことですが，仕事を始めてから反省する日が増えたように思います。

　仕事を始めて私自身の生活は当然大きく変化しました。起床時間が早まりました。小学校の子どもが家を出るのと同時に慌ただしく出勤します。幼稚園の子どもは夫が出勤時に送ってくれています。夫の家を出る時間も早まりましたが，夫の協力がなくては忙しい朝を乗り切ることはできません。家事は主に帰ってからするようになりました。夕方は子どもの習い事の送り迎えなどがあり，時間のゆとりはなくなりました。

　2人の子どもが通う小学校では，一児童に対し在学中少なくとも二度は役員が回ってきます。児童数が少ないため，育成会の役員も毎年のように回ってきます。今年度も小学校の学年委員と，育成会の副会長をかけ持ち，行事がある時などは特にあたふたしています。

　このような状況で，私は常に子どもを「早く，早く」とせかし，口うるさくなりイライラすることも多くなりました。子どもの行動を「待つ」という心のゆとりがなくなりました。

　それは子どもにとっても，私自身の心身の健康にも良くないことだと思いました。側で見ている夫にとっても気分の良いものではありません。ですから適度に手を抜くことを心がけるようにしています。忙しい時は，お総菜を買ってきて晩ご飯を簡単に済ませます（罪悪感を感じますが）。掃除をしてもすぐに子どもに散らかされてしまうので，ほどほどにしてあきらめます。子どもの習い事の送迎はお友達のお母さんにお願いすることもあります（お互い様なので）。時々は夫や両親に子どもをお願いして，息抜きをする時間を作ります。リフレッシュできます。

　夫の仕事も土曜日祝日は休みなので，家族みんなで過ごせます。以前は子

どもの好きな公園や温泉やレジャー施設など，お休みのたびに出かけていましたが，子どもたちが成長するにつれて，家族だけで過ごす休日も減ってきました。

最近では，小学校の子ども2人はクラブ活動をはじめ，土日は練習に試合にと励んでいます。私たち親は，お弁当や遠征などお手伝いに駆り出されることもあります。汗まみれで頑張る子ども達を，一緒になって汗して家族みんなで応援しています。今しかできない貴重な経験だと思っています。なかなか楽しい休日です。

事例4　夫婦共働き，保育園に通う子どもを妻と共に育てている男性（Nさん[4]）

私は，大手の通信企業に勤める34歳の会社員です。今年で入社12年目を迎え，社内では中堅の位置づけです。会社の所掌する事業分野が多岐に渡り，職種によって始業・終業時間や残業時間なども大きく異なる一方，2～3年単位で人事異動があり，全国に転勤の可能性があります。

家族は，妻と3歳の娘がおり，私も妻も会社員として勤務していることから，娘は現在保育園に通っています。

私と妻は今から5年前に結婚しましたが，二人とも，結婚前と同様に勤務を続けました。結婚とほぼ同時に生活を開始して以降，家事の役割分担についての具体的な取り決めはしておりませんでしたが，料理や洗濯は妻が中心，食器洗いや掃除は私が中心というような暗黙の役割分担が自然にできていました。家事に関していえば，妻に必要以上のストレスを与えることはなく，双方でバランス良く分担することができたと考えています。

当時，私は「夫は家事をやらない（昔ながらの）男性だ」，「自分の方が明

---

[4] 男性の立場から結婚から子どもの誕生，子育てにあたりながら，ワーク・ライフ・バランスの在り方を体験しています。

らかに家事の負担が大きい」というような印象を妻に与えることのないように心がけていました。私たち夫婦の場合は，双方がこのような心がけをし，暗黙という程度の役割分担であっても，必要以上のストレスを感じることなく，日常生活を送ることができました。恐らく，役割分担を具体的に決めた方が双方にかかるストレスは大きかったと思います。ただ，ストレスの感じ方は個人差があるので，夫婦それぞれがバランスの取りやすい方法で分担を決めて行くのが良いのではないかと思います。

　娘が生まれてから，妻は2年間の産休・育休を取得しました。この時期は，妻の育児に関わる負担が増える一方，自宅にいる時間が長くなったため，私達夫婦の場合は，娘の誕生を契機に家事の（暗黙の）役割分担が大きく変わることはありませんでした。しかしながら，平日の日中帯は，娘の面倒を妻がほぼ一人で見るケースが多かったために，週末は，私が娘と接する時間を長くするように心掛けていました。結果として，夫婦ともに，休日に友人などと過ごすことが少なくなりましたが，ストレスのバランスは，これまでと同様に保たれていたと考えています。

　この時期，妻は育児にかかる負担が多く，仕事を続ける夫と比較して社会との関わりが極端に少なくなるように感じます。授乳のタイミングなどの問題から外出さえままならない場合もあり，妻の方が圧倒的に制約が多いのです。このような状況で，自分だけが友人との時間を持ち続けて社会との関わりを継続しようとした場合には，夫婦のストレスのバランスが崩れやすくなるのではないかと思います。

　妻が職場に復帰してからは，家にいる時間が減りながらも，家事や育児に加え，保育園の送り迎えの負担が加わり，妻の負担は目に見えて大きくなってきました。この時期には，暗黙にではなく家事の分担について話し合いました。例えば，朝の食事の準備や子どもの身支度については私が実施するなどで，自分の過度の役割を増やし，妻の負担だけが増えることがないように心がけていました（それでも妻の負担は大きかったと思います）。

妻の職場復帰に伴い，娘は保育園通い始めましたが，病気をした時にはどちらが休暇を取って対応するのかという問題も発生しました。私たちの場合は結果的には妻が休暇を取ることの方が多かったのですが，私が休暇を取って対応したこともありました。私の勤める会社は幸いにも，女性の働きやすい職場作りや，男性の育児進出を推進する風土があることから，娘の病気に際して私が休暇を取ることに関して，大した抵抗感はありませんでした。とはいえ，子どものいない社員や，子どもが病気をしたら妻が休むのが一般的だという考えを持つ社員もいるので，子どもの病気の際には多くの場合に妻が対応していることや，やむを得ない場合に私が対応するしていることを日頃から話をするなどで理解が得られるように努めてきたつもりです。

　友人の話を聞いても，男性が育児を行うことに関して理解が得られにくい企業や職場がまだまだ多いように感じますが，企業のトップレベルからの意識改革も重要ではないかと思います。

　また，私たちの場合は，互いの両親が自宅近くに住んでおり，どちらも休暇が取れないような緊急の場合には，両親に頼れる環境にあったというのも大きかったと思います。できる限りは，夫婦どちらかで対応し，両親に負担をかけないようにと心がけてきましたが，どうしても難しい場合には両親を頼りにできるということが，精神的な負担の軽減に繋がったと考えています。

　なお，私は数か月前に幸いにも自宅からより近い職場に異動となり，娘を保育園に送る役割を新たに担うこととなったため，以前より妻の負担を減らすことができました。しかしながら，数年後にはまた異動が想定され，今より遠い職場となった場合には，保育園への娘の送り迎えは難しくなります。数か月前と同じ状態に戻るだけではありますが，妻の負担が現在よりは高まることとなるので，その際にストレスのバランスを保つことができるかどうかが課題だと考えています。次の子どもが誕生することや，自身の管理職へのランクアップなども想定し，その際にどのような役割分担とするのか，どのような工夫ができるのかなど，今のうちから検討し，妻とも話し合ってお

く必要があると考えています。

事例5　仕事を継続する中で，家族や子どもを大事にすることに新たに思いをはせる男性（Oさん[5]）

　自分自身の仕事に対する考え方，価値観を振り返ってみる。

　「情熱」をどれだけ傾けられるか？が自分の仕事選びの基準にある。元々は高校の教員になって野球部を指導することを夢見ていた。実際には介護の仕事や学校の職員という仕事をしてきた。私の「情熱」は「人」に向けられるものであり，「ものづくり」や「物を売る」ということにはなぜか興味がない。父親に向かって「サラリーマンにはなりたくない」なんていっていたかすかな記憶がある。

　大学では教職課程を履修しつつ，社会福祉を専攻。夢であった教員になるつもりでいたが，3年次の社会福祉実習で出会った人に衝撃を受け，「この人みたいになりたい」と介護の道に進む。誰かのために熱くなりながら仕事をするのは自分の性に合っていたと思う。しかし，一方では，不規則な勤務にストレスを感じることもあった。それは日曜日の草野球だ。土日休みの仲間は毎週のように草野球することができ，自分はシフト制でせいぜい参加できても月に2回。小学校から大学まで続けた野球は，社会人になってからは趣味とはいえ，自分の生活にはなくてはならいものになっていた。趣味のために仕事を変えるのか，と考えたこともあったが，さすがに仕事には「情熱」を傾けられたこともあり，そのまま5年間続けた。

　28歳になり，介護を辞めて教育業界へ。元々の夢であった教育の仕事に縁あって転職することができた。介護とはまた違う形でのめり込んだ。ベンチャーの気風を持つ学校法人で，どんどんチャレンジさせてくれた。結果も

---

[5] 幼い頃の父親が現在の父親の在り方に影響していると感じ，家庭の重要性を改めて感じています。

出て本当に仕事が楽しかった（草野球に参加できない日々が続き，そこさえクリアできれば最高なのに……という思いはまだあった頃）。その頃妻と出会う。同じ職場にいた彼女とは，仕事に情熱も高い同士であり，周りの仲間と一緒に仕事も遊びも一生懸命でとても充実した時間を過ごしていた。それが少しずつ変化してきたのが32歳で結婚したころから。

仕事の責任も大きくなり，家で過ごす時間が激減。さらにマンションを購入した途端に転勤命令。2時間近い通勤時間も重なり，仕事だけの生活にストレスを溜め込む日々。「この生活がいつまで続くのだろう……」という思いが募り，ついに身体を壊し休職。このことは自分にとって大きな転機となった。

休職期間中は自宅にいる時間が長く，規則正しい生活を心がけた。また，妻は仕事をしていたので，ひとまず家事からやることになった。今までは，目玉焼きを焦がすほどで他に何もできなかった男が，休職期間中の自宅生活である程度はできるようになった。炊事，洗濯，掃除。やれば妻が驚き，褒めてくれることが嬉しく，仕事に復帰してからも自然に続いて行くようになった。思えば，夫婦共働きで同じように働いていたら体力のある方がやるべきで，二人の間では当たり前のことになっていた。

もう1つ，自分にとって大きな出来事。36歳で父親になる。これは本当に大きな変化で，仕事には復帰していたものの，どこか以前のようにはのめり込めない自分がいて，転職活動を始めた。「家族と過ごす時間が欲しい」「仕事と家庭のバランスを取れるようにしたい」「毎日子どもと過ごしたい」「子育て，家事をして妻を少しでも楽にさせたい」という思いだった。結果としては，妻と話す中で，私のこの仕事に対する思いは強くそのまま留まることになる。

子どもができてから「働き方」を強く意識するようになるのだが，考えれば考えるほど，自分の父親が「父親としての理想像」なんだと思う。私の父親は企業で勤めながら，私の野球の試合には必ず応援に来てくれていた。そ

の姿が私の中に鮮明なイメージとして焼き付いていて，自分自身も同じような親でありたいと自然と思ってしまう。また，小学校5年生で初めてレギュラーとして出る公式戦前，平日にも関わらず，地元駅前のスポーツショップで仕事帰りの父と待ち合わせをして，新しいグローブを買ってもらった。これは本当に嬉しかった。

今私の仕事ではこの2つはなかなかできない。分かってはいるが，同じことを子ども達にしたい。でも，仕事は楽しくやりがいがある。それならば働き方を変えていくしかない。自分の人生を主体的に生きる選択肢しかない。40歳の今，そんな風に思う。

妻は子どもができてから，働くママを支える会を地域で立ち上げ，様々な活動を行っている。私は都合が合えば一緒に参加するようにしているが，活動に関わるうちに同じように妻が会に参加しているパパの友達ができた。俺たちも何かやろうぜ，という事で来年3月地域のパパのための講座を男女共同参画センターで行う予定だ。

事例6 夫が教員として勤め，専業主婦として生活を続ける女性（Kさん[6]）

私は30代の専業主婦で夫は40代の教員です。子どもはおらず，11カ月になる犬を飼っています。私は，基本的には家の仕事を殆ど一人でしていて，掃除，洗濯，料理など夫に任せることはありません。

朝は夫より早く起き，お弁当を作った後で犬をゲージから出し少し遊ばせ，餌をあげてその後で自分の朝ご飯を食べます。そこから掃除や洗濯をします。私と夫は，犬アレルギーがあり，犬の毛やフケが多くなるとクシャミや鼻水や目のかゆみがひどくなるので掃除機をかけた後で床を水拭きし，また夕方頃掃除機をかけて床の水拭きをします。夫の仕事は出勤時間がいつも違うの

---

[6] 専業主婦としての生活を続ける中で，夫婦の生活の在り方，夫婦として大切なことについて夫の立場を含めて考察を加えています。

で，朝早く出かける時は家のことをある程度した後で，また眠ったりもしています。ですが，犬がサイトハウンドという運動量の多い犬種のため，10時半頃から15時位までケージから出して遊ばせてあげます。犬を飼い始めてから私の日常は犬が中心になっています。犬と遊びながら私の趣味の刺繍をしたり，とれかかったボタンをつけたり，ドイツ語の勉強をしたりしています。夕方に買い物に行き夜の食事の用意をします。私の体調が悪い時や，さぼったりしたい時には夫に頼んでお惣菜で済ますこともあります。ですが，基本的には手料理を作り健康管理はしっかりとしていきたいと心がけています。夫の仕事が忙しく疲れがとれない時や夫からのリクエストがある時は，がっつりとボリュームのある肉料理を作ってコントロールしています。

　夫の仕事が忙しくなると書類を持ち帰って来て，家でやることが多くなります。余りにも忙しいのか口数が減り少しピリピリした状態になるので，私は別の部屋で本を読んだり勉強したりしながら様子を伺い，寝るのが夜中になりそうだと思ったら夜食を作ったりして，夫のストレスを少しでも軽くするためにサポートしています。私達には子どもがいないので，私は全力でサポートしていけるのだと思っています。できれば夫には，家の中は安心して心地いいと思ってもらえる様に自分なりに努力していますが，その反面私は頑固な部分と少し完璧主義なところがあり，そのせいなのかすぐストレスを感じてしまうところがあって，そのストレスを夫に当ててしまうことが度々あります。犬が小さかった頃が特にひどく，外に出て行くことも誰かに話すこともできず，自分一人で育てている気持ちになり，夫が帰って来ては愚痴をいう日々が2か月ほど続きました。私は一人で色々するのにも限界が来て，夫にも手伝って欲しいとお願いをしました。もちろん夫が仕事で疲れて帰って来ているのも理解した上で休みの日は少しだけ見て欲しいとお願いしたところ，いやな顔一つせず承諾してくれました。それと，私の時間を作るためにペットホテルを探してくれて，とても気持が楽になり，どうせ私は専業主婦で時間があるから，夫は仕事で疲れているからと一人で何もかもやろうと

いうことではなくて，誰かに話をしたり頼ったりしてもいいのだというように気持ちを切り替えることができたのです。育児ノイローゼ気味だったあの二か月間は今後私に子どもができた時のシュミレーションの様なものだと思っています。今ではネットの友人に話を聞いてもらったり，犬を飼っている人のブログなどを見て色々と学んでいます。

　また，夫の両親は離れた場所に住んでおりなかなか会いに行くことはできませんが，夫と話し合い，できるだけ時間を作っては会いに行くようにしています。義父が病気を患っており，義母が精神的に落ち込んでいたり疲れていたりしているのをメールや電話などをしながら励ましたり，離れて暮らしてはいますが母の日や誕生日などに会いに行ったり，夫の仕事が休みの時などは一緒に義父のお見舞いに行ったりと，できる限りサポートしています。最近では料理でわからないことがあれば教えてもらったり，ハーブの育て方など義母の様子を見ながら，負担にならないように色々とコミュニケーションをとっています。

　夫とも時間があればコミュニケーションをとりお互いの不満やして欲しい事があればその時々にいうようにしています。こんな細かいことまでいっていいのか，私が我慢すればいいんじゃないか，と思ったりもしましたが話し合うことで私の気持ちを知ってもらったり，逆に夫の気持ちも知ることができたりとお互いに夫婦として成長できているのかなと思っています。話し合いをしても解決できないことやお互いに妥協できないことなど時としてあり，そんな時は気分転換のためにも二人で外出するようにしています。幸いにも夫とは共通の趣味があり，休日など映画を見に行ったり，カフェで本を読んだり，連休を利用して旅行に行ったりしながら気持ちを切り替える工夫をしています。

　私は，とても要領が悪く，一つの事をやり始めるとなかなか他の事が上手くできず，あれやこれやとやるうちに全てが中途半端になってしまいがちです。そろそろ将来のためにパートなどを考えてはいますが，仕事を辞めてか

ら時間が経っているのと家事との両立ができるのか不安でなかなか一歩が踏み出せずにいます。周りの友人や家族などは子育てをしながら仕事やPTA，地域での活動など色々な事を両立していて，私も将来の事を考え頑張ってみようと思っています。

　私が，こんな主婦業を快適に出来ているのは友人や家族，そして夫のサポートがあってのことです。特に，夫は家族での事を協力的にしてくれ，仕事で疲れているのにもかかわらず私の体調や気分が乗らない時などサポートしてくれています。夫が私の性格など理解し少しでも家庭が快適にと協力してくれているおかげで私も夫のサポートを気持ちよくできているんだと思います。やってもらうばかりでは信頼関係を築くことはできませんし，やってもらうことが当たり前だと思わず，相手を理解し，感謝すること，思いやりを持って接すること。そしてそれを義務だと思わず自然にできる環境を作っていくことがとても大切なことなんだと思っています。

　以上，6つの事例を紹介しましたが，それぞれの事例の中に共通して見られることは，家庭の生活，自分の生活を大事にしようとする姿勢だと思います。子どもを育てている家庭では，子どもの通う学校，幼稚園，塾などへの対応や子どもの病気への対応などライフステージにおいて生じるいろいろな出来事への対応について夫婦で調整したり，場合によっては祖父母の助けを借りるなどして生活している様子が理解できます。

　また，毎日の生活に必要な料理なども時間をかけなくても必要最小限の時間を利用して出来合いのものを用意するなど，夫婦間の共通理解の基に行われるお互いのコミュニケーションの大切さが示されています。さらに，職場の人間関係でも子育てに関していろいろと話の出来る友人がいることも大切なこととして指摘できます。

第3章　ワーク・ライフ・バランスの必要性とその背景

　ワーク・ライフ・バランスが進行しつつある現在，なぜ進行しているのか，第1章において若干触れましたがここではその背景について述べることとします。

　ワーク・ライフ・バランスを求める動きは，時代の流れの中でいろいろな変化が要因として生じているのですが，下記に示すようなことが特にあげられます。

① 　共働き家庭の増加
② 　労働時間
③ 　女性の社会進出
④ 　日本社会とジェンダーギャップ
⑤ 　女性の生き方の変化―多様化と男性の対応・社会の対応―

以上①～⑤の状況について順に見ていくことにします。

第1節　共働き家庭の増加

　図3-1に示すように，平成8年以降わが国では共働き家庭が専業主婦家庭の世帯数よりも多くなっており，その差は年々広がっていることがわかります。共働き家庭は夫婦共に仕事に就く家庭を指していますが，夫と妻が共に働くことは仕事と家庭生活の両領域への関与を意味しますので夫婦にとっては負担が増すことになります。それはライフステージによっても状況は異なりますが，特に子どもが幼い時期に子育てや仕事の両立で夫婦にかかるストレスは一番大きいともいわれています。とりわけ，女性が妊娠した時期や，

子どもが幼い時期の子育てに関わる場合に女性の子育てや家庭に関わる負担が男性以上に大きく，女性の精神的健康の問題とも関連して社会問題になっています。しかも，女性が職業に就きながら家庭の家事と子育てを並行して行う場合大きな負担になります。

また，共働き家庭は夫と妻それぞれが仕事に関わり，家庭を形成しているために夫婦間の意見調整や協力などが家庭の状況を形成する上で重要な調整機能を果たすこととなります。夫婦そろって仕事を中心におき，仕事のために家庭で過ごす時間が少なかったり，夫婦のどちらかが同様に家庭に帰る時間が遅い場合には夫婦ともに過ごす時間が少なくなり夫婦間の意思疎通が不十分になりやすく相互の意思に不整合が生じやすくなります。このような場合には，お互いに忙しいことはわかっていても気持ちの上では歩み寄ること

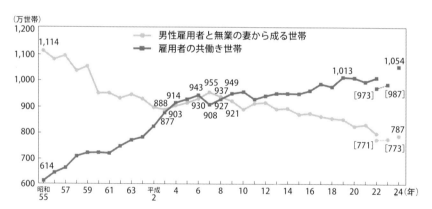

(備考) 1. 昭和55年から平成13年までは総務庁「労働力調査特別調査」(各年2月。ただし，昭和55年から57年は各年3月)，14年以降は総務省「労働力調査(詳細集計)」(年平均)より作成。
2. 「男性雇用者と無業の妻から成る世帯」とは，夫が非農林業雇用者で，妻が非就業者(非労働力人口及び完全失業者)の世帯。
3. 「雇用者の共働き世帯」とは，夫婦ともに非農林業雇用者の世帯。
4. 平成22年及び23年の [ ] 内の実数は，岩手県，宮城県及び福島県を除く全国の結果。

図3-1　共働き家庭と専業主婦家庭の推移

(出典) 内閣府男女共同参画局 2013 男女共同参画白書　平成25年版

が出来ません。結果としてお互いに精神的ストレスが多くなりやすくなるとも考えられますし，逆に夫婦そろって家庭への関わりを中心として仕事を進める場合には，家庭での寛ぎがストレス減少にも役立ち，それが仕事への関わりにプラスの影響をもたらすものと考えられます。

共働き家庭が着実に増加している現在，夫婦の間でのコミュニケーションが大変重要な位置を占めています。

家庭の本来持つ機能に憩いの場としての特色があります。このことについて山口（2010）は，ワーク・ライフ・バランスの視点から仕事と家庭での寛ぎの持つ影響について調べ，家庭での寛ぎを持つ場合仕事への参画にも影響が出てくることを指摘しています。つまり，私たちの日常生活のエネルギーの原点は家庭での活動の在り方が大きく影響しているとしています。

現在の日本の共働き家庭の実情については，労働時間が長いということから見て家庭中心というよりも仕事中心の生活が進行しているようです。このことは，共働き家庭の増加に伴う大きな課題として受け止める必要があります。

第 2 節　労働時間

図 3-2 に示すように，我が国の労働者の労働時間はイタリア，イギリス，スウェーデン，フランス，ドイツなど外国の労働者と比較して，労働時間が長いことが指摘されています。労働時間が長い分仕事の効率化が上がっているのかというと，それはまた別問題ですが少なくともこの表に紹介されている諸外国の労働時間は短いものの，生産性が落ちるということはなく，我が国では仕事の仕方そのものの問題が存在するようです。単に労働時間が長いというよりも，いかに効率的に仕事をこなし自分の時間を作りワーク・ライフ・バランスを自分のものとして実行していくかという基本的な問題に突きあたります。

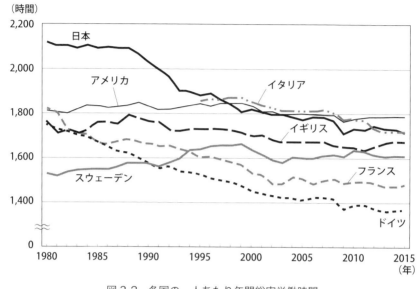

図3-2　各国の一人あたり年間総実労働時間

（出典）労働政策研究・研修機構 2017

　さらに，図3-3を参考にして見ますとその実態が理解されますが，労働時間の長さが家庭で過ごす時間に影響を及ぼすことは物理的に明白なことでしょう。それは，とりも直さず家庭生活と仕事のバランスを考える際の重要な指標として注目されることになります。とりわけ，我が国では諸外国に比較して仕事に傾注し過ぎていて，家庭生活に費やす時間的配分が少ないことが指摘されています。就業時間の長さは家庭生活への影響を及ぼすと考えられますが，特に就業時刻が過ぎてからの残業時間が長いことが指摘されており，家庭で夫婦そろって過ごす時間の問題，子育てに関わる時間の減少そして労働者の健康問題にも影響がおよび，夫婦関係を中心とした家庭生活のあり方そのものやその中で生活する家族メンバーの精神的ストレス，そして子どもの成長・発達にも関係し大変深刻な問題へと繋がっていきます。

　労働時間が特に問題になると考えられるのは，ライフステージの子育て期

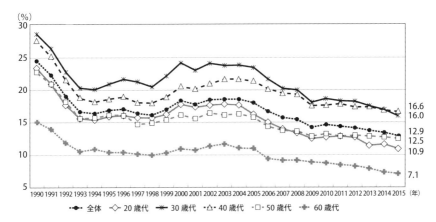

図 3-3　年齢別・就業時間が週 60 時間以上の男性雇用者の割合

（出典）内閣府　2016　少子化社会対策白書　平成 28 年版
　　　　総務省　　労働力調査
　　　　※　数値は　非農林業就業者（休業者を除く）総数に占める割合
　　　　※　2011 年の値は岩手県，宮城県および福島県を除く全国の結果

にあります。共働き夫婦の増加に伴い，女性のみならず男性が育児・家事に参画することは重要なことですが，それに反しこの時期の男性は過労死ラインとされる週 60 時間以上働くことが多くその比率が 17％近いことが図 3-3 からも読み取れます。まさに，子育てで一番忙しい 30 歳代と 40 歳代の時期が該当するだけに，男性のみならず女性のワーク・ライフ・バランスが極めて問題視されていることになります。30 歳代と 40 歳代は子育てにエネルギーを費やすことは理解できるのですが，この年齢では仕事に就いてから仕事の内容も理解し，また若さと能力とを発揮し始める頃であり職場でも仕事に邁進し，立場上職場の中心で期待され活躍する時期でもあります。したがって，仕事にのめり込みやすい時期でもあります。当然のことながら時間的にも精神的にも職場へエネルギーが費やされがちにもなります。その一方，家庭では幼稚園・保育園に子どもを送り迎えしたり，小学校での学校生活を迎え始める子どもの生活の援助をするなど，まだまだ子どもの養育に時間と手

間が多くかかります。このような時期であればあるほど，夫・妻として多くのエネルギーを消費してしまいます。

　このように，労働時間は労働者の家庭生活でのゆとりや子育てのための貴重な時間に影響をもたらし，そのことがさらに家庭環境の在り方や子どもの成長・発達にも影響をもたらすことが十分に考えられます。

　さらに労働時間の長さと労働者の精神的休息との関連性について，労働時間の長さが長くなればなるほど，余暇時間に過ごしても精神的な安らぎの効果が減少し，うつ病の発症のリスクファクターになることが指摘されています。佐々木（2009）によりますと，週の労働時間が増える一方で睡眠時間が減る場合にうつ症状の発症が増加するとしています。具体的には、短時間睡眠（6時間未満）の状態で労働時間が週41時間以上から同66時間以上では4～6倍になること，また，高疲労に関しては週労働51時間から同66時間以上では2.5～3.7倍になると指摘しています。仕事中毒（ワーカーホリック）という言葉がありますが，仕事のことが頭から離れないのはまさに仕事中心の生活であり，生活そのものが仕事といってもよい状況であり，上記のうつ症状の入り口になりかねません。

第3節　女性の社会進出

　表3-1に示されるように，15歳～64歳の女性の就業率は年々増加しており，2010年以降は60％以上の女性が就業していることがわかります。年々増加する女性の社会進出に伴って職場で活躍する機会が少しずつ増えてきているのですがその一方で，就業上女性に関わる多くの問題が解決されないままになっており，職場で十分に自己の能力を発揮して納得のいく就業をしているとはいえず，女性にとって必ずしも生き甲斐が満たされた社会にはなっていないことも現実として指摘できます。

　女性が社会に進出し続けている現在，仕事に邁進する一方で結婚に伴い家

表 3-1　年齢別就業率の変化（%，ポイント）

	男女計			男			女		
	総数	15～64歳	65歳以上	総数	15～64歳	65歳以上	総数	15～64歳	65歳以上
2006年	57.9	69.9	19.4	70.0	81.0	28.4	46.6	58.8	12.8
2007	58.1	70.7	19.7	70.3	81.7	29.1	46.6	59.5	12.8
2008	57.8	70.8	19.7	69.8	81.6	29.0	46.5	59.8	12.9
2009	56.9	70.0	19.6	68.2	80.2	28.4	46.2	59.8	13.0
2010	56.6	70.1	19.4	67.7	80.0	27.8	46.3	60.1	13.1
2011	56.5	70.2	19.2	67.6	80.1	27.5	46.2	60.2	13.0
2012	56.5	70.6	19.5	67.5	80.3	27.9	46.2	60.7	13.2
2013	56.9	71.7	20.1	67.5	80.8	28.6	47.1	62.4	13.7
2014	57.3	72.7	20.8	67.7	81.5	29.3	47.6	63.6	14.3
2015	57.6	73.3	21.7	67.8	81.8	30.3	48.0	64.6	15.0
2016	58.1	74.3	22.3	68.1	82.5	30.9	48.9	66.0	15.8
前年からの変化（2016-2015年）	0.5	1.0	0.6	0.3	0.7	0.6	0.9	1.4	0.8

（出典）総務省統計局 2017　労働力調査（基本集計）平成 29 年 1 月 31 日平均（速報）結果要約

事・育児などにかかる負担が大きな問題として存在します。図 3-4 に示すように，我が国では女性がたとえ仕事に就いても女性にかかる負担は相変わらず大きく，家事・育児に対する男性と女性の相違に関しては意識の違いがまず指摘できます。特に男性の家事・育児にかける時間が世界の先進国と比較しても一番短いのです。中でも育児に関わる時間が短く，その補充は妻に負担としてかかってきます。妻に頼りっきりの育児では子どもの成長・発達を保証するための環境が整っているとはいえません。育児ストレスはまさに夫婦の間に存在する調整がうまくいっていないために生ずるものであるといえましょう。

　子育てに当たる時期は既述のようにライフステージの中でも一番負担のかかる時期であり，家事・育児は夫婦が共通して抱え取り組まなければならない課題です。現在のように妻にかかる負担が大きい現状は夫のワーク・ライ

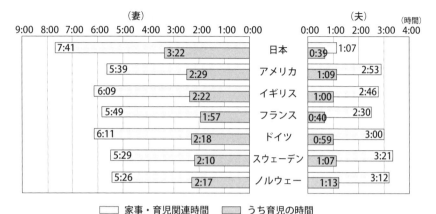

図 3-4　6 歳未満の子どもをもつ夫の家事・育児時間（1 日あたり）

（出典）Eurosta (How Europians Spend Their Time Everyday Life of Women and Men) 2004, Bureau of Labor Statistics of the U.S. (America Time-Use Survey Summary, 2015)，総務省 2011「社会生活基本調査」，内閣府 2016「男女共同参画白書 平成 27 年版」

フ・バランスが優先され，妻のワーク・ライフ・バランスが後回しにされているともいえます。言葉を換えれば，妻として，女性として人間らしい豊かな生活を送る時間や機会が奪われていることになります。まさに，妻の女性としてのワーク・ライフ・バランスの在り方が問い直されるべきでしょう。また，総務省（2017）の最新の報告によりますと夫の家事・育児関連の時間が延びて 1 時間 23 分になっています。しかし，この数字は 15 年前に比較すると 2 倍以上の伸びを示しているものの世界の先進国の中では相変わらず低い数字のままです。具体的には図 3-4 の中に，2017 年の日本の夫の家事　育児時間 1 時間 23 分をはめ込んでみても依然として他の諸外国よりも短いことが読み取れます。

　一般的には，女性は家事・育児，男性は仕事と考える傾向の強いジェンダー観は年々少なくなっているのは事実ですが，その固定観念は依然として根強く存在しています。そのために女性にかかる負担が大きいままです。このジェンダー観は家庭内の夫婦間に見られるだけでなく，会社などでも大きく，

特に会社は男性中心の考えに基づき，男性中心の組織になっているといえます。このことが女性が会社で生き生きと働くための環境形成に悪影響を与え，ジェンダーギャップとして問題視されているのです[1]。日本は特にこの傾向が強く，女性が活躍できる社会づくりが急がれます。

　また，男女の育児・家事への関わりについては，男性の仕事を中心としたワーク・ライフ・バランスの現状が男性自身の育児休暇の取得の在り方に見られます。

　男性の育児休暇取得率はかなり低く，その分女性が退職し育休を取り家庭に入ることが多くなっています。厚生労働省の発表によりますと，平成 25 年度は女性 83.0％，男性 2.03％，平成 26 年度は女性 86.6％，男性 2.30％，平成 27 年度は女性 81.5％，男性 2.65％ の育児休暇取得率となっています（厚生労働省，2016）。しかも，男性が育児休暇を取得してもその期間が 1 か月未満の場合が多く，育児休暇取得による育児とは名ばかりのことであることも指摘できます（松井，2012）。このことは結局女性の負担を増加させ種々の問題を引き起こします。妻が子どもと過ごす時間が多くなると育児ストレスにより精神的不安定に陥ることも多くなりますし，ストレスが高じてくると子育てでも児童虐待のような問題が生じることもあります。児童虐待の多くは女性のストレスから生じているという心理学関連の研究報告の指摘もあるくらいです（例えば，Casanova, Domanic, McCanne & Milner, 1992）。

　また，第一子の出産と同時に退職する女性も多く，出産が女性の就業に大きなハードルとして立ちはだかっています（国立社会保障・人口問題研究所，2010）。職場に復帰しても男性優位な状況の中で，女性として能力を発揮し会社などに貢献するする機会が少なく，職場での働く意欲や，生き甲斐を得にくいのも現実的な問題です。

　このように女性の社会進出が進む状況にも拘わらず，男性の意識変革の遅

---

1) ジェンダーギャップとは社会進出における男女格差を示す指標を意味します。

第4節　日本社会とジェンダーギャップ

　子育て期においての男性は仕事，女性は家事・育児という役割分担意識については年々薄れており，男性も従来以上に家事・育児に関わるようになってきているのも事実です。イクメンという言葉が登場するようになってから，若い夫の間にその傾向が見られるようになってきています。しかし日本全体を見た時，その動きが充分に広がっているという訳ではなく今後の動きが注目されるのですが，依然として役割分担意識は根強く残っているのが現状です。

　表3-2は大正12年～昭和7年生まれの人と昭和58年～平成4年生まれの人に，平成4年度，平成14年度，平成24年度の10年サイクルで男女の役

表3-2　性別役割分担意識についての世代別の特徴：賛成の割合

(%)	(女性)					(男性)				(%)
60~69歳	50~59歳	40~49歳	30~39歳	20~29歳		20~29歳	30~39歳	40~49歳	50~59歳	60~69歳
70.2					大正12～昭和7年生まれ					75.0
50.8	54.3				昭和8～　17年生まれ				64.8	53.7
52.3	40.6	53.9			昭和18～　27年生まれ			59.8	47.4	55.9
	40.4	37.5	46.8		昭和28～　37年生まれ		66.5	51.8	47.2	
		41.0	32.9	48.0	昭和38～　47年生まれ	52.3	41.4	50.9		
			41.6	33.2	昭和48～　57年生まれ	44.3	52.2			
				43.7	昭和58～平成4年生まれ	55.7				

■平成4年調査　■平成14年調査　□平成24年調査

(備考) 1. 内閣府「男女共同参画社会に関する世論調査」(平成4年14年，24年) より作成。
　　　2.「賛成」及び「どちらかといえば賛成」の割合の合計値。

(出典) 内閣府男女共同参画局　2013　男女共同参画白書　平成25年版

割分担意識（男性は仕事，女性は家事・育児）について賛成する割合を調査した結果を示したものです。この結果を見る限り，平成24年の時点で20〜29歳の最近の若い人でも必ずしも役割分担意識を否定していないということが指摘できます。これは経済の不安定な状況の中では安定した生活を求めるために安定した収入を得て，家庭での安定した生活を求めようとする方向に大きな影響を与えることは十分に考えられるのですが，依然として役割分担意識が根強く存在していると見ることができます。

　一方，職場の女性に対する対応について見ると，既述のように女性にとって必ずしも能力を発揮し，精神的に安定した状況で継続することが保証されているとはいえないことが指摘できます。フランス，アメリカ，ノルウェー，日本各国で働く女性の役職別の割合に関して，社長・経営者，責任者・管理職，記者・編集者，カメラ・技術・デザイン，営業・広告・財務，フリーランスについての調査結果から，日本は比率が低いことが指摘されているのです（朝日新聞, 2015）。まさにジェンダーギャップの問題を抱えた状況が存在します。この結果から，日本の女性が社会で活躍する機会が少なく，社会との繋がりが弱いということが指摘できます。いってみれば，社会で働き活躍できる機会が相対的に少なく，女性が社会と家庭との繋がりに根ざしたワーク・ライフ・バランスを実現しているとは必ずしもいえないのが現状であるということです。

第5節　女性の生き方の変化—多様化への男性の対応・社会の対応—

　既述のように女性の社会進出が進行しています。一見すると時代の流れの中で自然に生じている結果とも受け取れるのですが，このような現象の裏には女性の生き方の変化が影響しているといえます。その生き方を変えているものは何かということについて幾つかの要因が考えられます。

　その要因の一つとしてまず少子化に関連することがあげられます。図3-5

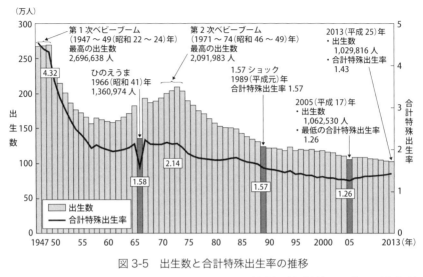

図 3-5　出生数と合計特殊出生率の推移

(出典) 厚生労働省 2013「人口動態統計」

に示すように年々合計特殊出生率[2]が低下し，2013年は1.43と報告されており1970年代は2以上の数字であったのですが年々減少の一途を辿っているのが現状です。しかし，この減少とは別に実際持ちたいと望む子どもの数は2～3人であり，この希望が叶えられていない現状が存在しています。その理由の一つとして，表3-3示すようにそれぞれの理由の中でも経済的理由の「自分の仕事[勤めや家業]に差し支えるから」，育児負担の「これ以上，育児の心理的，肉体的負担に耐えられないから」，夫に対する理由の「夫の家事・育児への協力が得られないから」などは，女性の年齢が若いほど高くなっているのです。つまり女性として若い時ほど仕事と子育てに悩んでいる姿が見て取れるのです。女性として仕事を優先して人生を送りたいと考えるのは最近の若い女性ほど多く，仕事を自分の人生の一部として考える傾向が

---

2) 合計特殊出生率は15～49歳までの女性の年齢別出生率を合計した子どもの数を示します。

表 3-3 理想の数の子どもを持たない理由（%）

妻の年齢	経済的理由			年齢・身体的理由			育児負担	夫に関する理由			その他	
	子育てや教育にお金がかかりすぎるから	自分の仕事（勤めや家業）に差し支えるから	家が狭いから	高年齢で生むのはいやだから	欲しいけれどもできないから	健康上の理由から	これ以上、育児の心理的、肉体的負担に耐えられないから	夫の家事・育児への協力が得られないから	一番末の子が夫の定年退職までに成人してほしいから	夫が望まないから	子どもがのびのび育つ社会環境ではないから	自分や夫婦の生活を大切にしたいから
30歳未満	83.3	21.1	18.9	3.3	3.3	5.6	10.0	12.2	5.6	4.4	7.8	11.1
30~34歳	76.0	17.2	18.9	13.3	12.9	15.5	21.0	13.3	4.3	9.9	9.9	7.3
35~39歳	69.0	19.5	16.0	27.2	16.4	15.0	21.0	11.6	6.9	8.9	8.1	7.5
40~49歳	50.3	14.3	9.9	47.3	23.8	22.5	15.4	9.9	10.2	6.2	6.1	3.7
合計	60.4	16.8	13.2	35.1	19.3	18.6	17.4	10.9	8.3	7.4	7.2	5.6

（出典）国立社会保障・人口問題研究所　2010 第14回出生動向基本調査
注1. 対象は予定子ども数が理想子ども数を下回る初婚どうしの夫婦。
注2. 予定子ども数が理想子ども数を下回る夫婦の割合

強くなっていると考えられます。その延長線上にある家事・育児は自分一人でするのではなく夫の援助があって当然とする女性が多くなっているのも事実で、夫の協力に対する要望が高く、子育て期の女性のワーク・ライフ・バランス実現はまさに夫が妻と同じように家事・育児に関わることになって初めて成り立つものであることが示されています。

最近の若い女性は家事・育児にも男性の参画を求めるようになり、男性と女性の区別を明確に使い分けないようになっているようです。女性として自分の人生を家事・育児に埋没させるという意識は薄くなり、それに代わって自分のやりたいことや仕事を継続させるといった考えが広がっているのです。

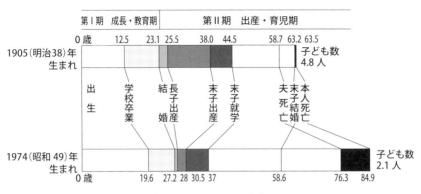

図 3-6　日本の女性のライフコースの変化（井上・江原，2005）

　さらに最近は平均寿命が延び，男子 80.98 歳，女子 87.14 歳（厚生労働省 2017）となっています。少子化が進行し平均寿命が伸びることによって女性のライフスタイルが大きく変わることになります。図 3-6 に示すように，まず子育てに要する時期が早く終わること，つまり子育ての時間が短くなることが指摘できます。それは，従来のように数人の子どもを育て上げる場合と異なり，より少ない子どもを育てることになるので，子どもが自立した時の母親の年齢も若くなるのです。また晩婚化が進行しているために結婚までの時間が長くなっていることと，平均寿命が伸びることによって子育てを終えてから過ごす期間がかなり長くなるなど，女性としてその長い時間の使い方が比較的自由になると考えられ，そこに自己の能力を試してみるため仕事に就いたり新しいことを試したりするための時間が増えることとなります。また，高学歴社会の進行に伴い女性の高学歴化も進行し，得られた新しい知識・技能を基として自己の能力を最大限に生かそうとする生き方や新しい生き方を求めることも多くなると考えられます。結果として価値観の変化や多様化が進むこととなり，まさに，女性としての新しい生き方を模索しながら人生を進めているのです。

　女性は今までの家事・育児を中心とした家庭に縛られた状況から徐々に解

放され,より新しい一人の人間としての生き方を求めそして創り上げているのです。

　自己の生き方の追及はこれからも進行していくものと思われますが,それは時代の変化に伴う人間としての当然の生き方であり,その時代の変化の特徴としても位置づけられ,その方向も多岐に渡るものです。

　女性の生き方の変化に伴って夫である男性も生き方や考え方の変化が求められることとなります。まさに現代社会はその変化の渦中にあるといえます。今現在求められるワーク・ライフ・バランスは男女の生き方の変動に基づく性質のものといっても過言ではありません。

　このような新たな生活の変化へも自己の生活と仕事,自己の時間などバランスをいかに取り生活を構成するのかということが求められることになるのです。現代社会はこのような潮流の中で,今までにない新しい女性としての考え方・生き方が出現しており,男性以上にめまぐるしい変化を遂げつつあるといえます。その変化の中で,妻として,母として,労働者として多岐に渡る多重役割を男性以上にこなし,世の中の情勢をキャッチしてワーク・ライフ・バランスを先取りしているともいえます。

引用・参考文献

Bureau of Labor Statistics of the U.S. 2015 America Time-Use Survey Summary

Casanova, G. M., Domanic, J., McCanne, T. R., & Milner, J. S. 1992 Physiological responces to non-child-related stressors in mothers at risk for child abuse. *Child Abuse and Neglecgt*, 16, 31-44.

独立政策研究・研修機構　2014　データブック国際労働比較

井上輝子・江原由美子（編）2005　女性のデータブック　第4版—性・からだから政治参加まで—　有斐閣

Eurosta 2004 How Europians Spend Their Time Everyday Life of Women and Men

国立社会保障・人口問題研究所　2010　第14回　出生動向基本調査（夫婦調査） http://www.ipss.go.jp/ps-doukou/j/doukou14/doukou14.pdf（アクセス日：2017年11月10日）

厚生労働省　2013　厚生労働白書

厚生労働省　2014　人口動態統計
厚生労働省　2017「労働改革」の実現に向けて
厚生労働省　2017　平成 28 年簡易生命表 http://www.mhlw.go.jp/（アクセス日：2017 年 12 月 12 日）
厚生労働省　雇用均等・児童家庭局雇用均等政策課　2016　平成 27 年度雇用均等基本調査の結果概要
松井滋樹　2012　男性の育児に関する支援策の在り方—男性の育児休業取得推進ばかりに方向が向いてよいのか—　東レ経営研究所　経営センサー
内閣府　2016　平成 28 年版　少子化社会対策白書　http://www8.cao.go.jp/shoushi/shoushika/whitepaper/measures/w-2016/28pdfgaiyoh/28gaiyoh.html（アクセス日：2018 年 3 月 2 日）
内閣府　2015　第 7 回高齢者の生活と意識に関する国際比較調査
内閣府男女共同参画局　2013　男女共同参画白書　平成 25 年版
内閣府男女共同参画局　2016　男女共同参画白書　平成 27 年版
労働政策研究・研修機構　2017　データブック　国際労働比較
佐々木毅　2009　労働時間と健康との量反応関係　労働安全衛生総合研究所特別研究報告，JNIOSH-SRR-No.39, 1-18.
総務省統計局　2011　社会生活基本調査
総務省統計局　2015　労働力調査（基本集計）平成 26 年（2014 年）平均（速報）結果要約
総務省統計局　2017　平成 28 年度社会生活基本調査　生活時間に関する結果要約
総務省統計局　2017　労働力調査（基本集計）（平成 29 年 1 月 31 日）平均（速報）結果要約　http://www.stat.go.jp/data/roudou/sokuhou/nen/ft/index.htm（アクセス日：2017 年 8 月 26 日）
山口一男　2010　ワーク・ライフ・バランス—実証と政策提言—　日本経済新聞出版

第4章　ワーク・ライフ・バランスの現状と問題

　我が国のワーク・ライフ・バランスの現状については第3章でも触れましたが，ここではさらに問題を絞って見ていくことにします。

第1節　子育てと仕事の両立

　我が国の労働者は諸外国と比較して労働時間が長いことは既に触れましたが，労働時間の延長は基本的に家庭生活と仕事の両立を難しくしています。このことはライフステージ全般にいえることであり生活のあり方そのものを根本から見直すことも必要です。特に，共働き家庭が増加している現在，ワーク・ライフ・バランスに基づいた生活は夫も妻も共通して不可欠なものとしての位置づけがあります。夫婦の生活の状況に関してライフステージの視点から見た場合，とりわけ結婚後の妊娠期や乳幼児を中心とする子育て期において多くの問題が存在することも指摘されています。

　女性のキャリア志向が強まっている今日，女性の多くは仕事を続けていきたいと考えているのですが，現実には多くの女性は妊娠出産を機に仕事を辞めることが多いことが指摘されています。

　このことに関連するデータを図4-1に示しました。それによると，出産を契機として実に40%以上もの女性が退職していることがわかります。このように出産が女性の仕事を継続する上で大きな障害になっていることが示されているのですが，原因は一体どの様なことでしょうか。これに関して図4-2に示すような調査結果があります。

　図4-2に示されているように，「両立が難しかった」「解雇・退職勧奨され

46　第Ⅰ部　ワーク・ライフ・バランスの現状と問題

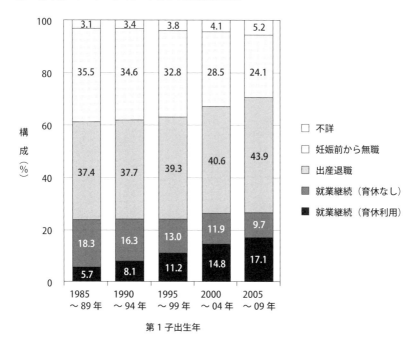

図 4-1　第 1 子出産前後の妻の就業変化

（出典）国立社会保障・人口問題研究所 2010 第 14 回出生動向基本調査（夫婦調査）

た」とする者が35％と比較的多いことが分かります。この結果から，「解雇・退職勧奨された」というのは女性が出産することによって会社としては労働力にはなり難いとする考えが根底にあるからと思われます。また「両立が難しかった」ということは，育児・家事と仕事の負担が女性に多くかかり過ぎていることを示しています。夫である男性の育児・家事が実際には十分に行われていないことを示した結果ともいえます。このように女性は，職場と家庭の間に挟まれ，自分の思い描いた生活を送っていないのが現状です。

　その一方で子育てそのものが女性にとって重要な取り組みであり，子どもの発達に大きな影響をもたらすとする考え方が強いことも影響しています。この考え方は発達心理学において，子どもが幼い時期には母性を十分に注ぐ

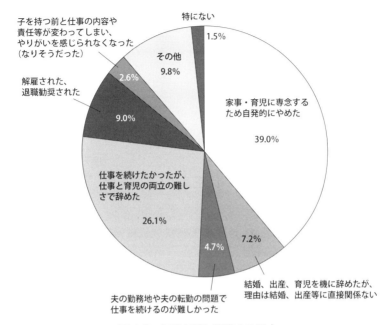

図 4-2　出産を機に退職する理由

(出典) 三菱ＵＦＪリサーチ＆コンサルティング 2008「両立支援に係る諸問題に関する総合的調査研究」

ことによって子どもの発達が促されるとする Bowlby (1973) の提唱した愛着理論に基づくものです。しかも我が国では愛着関係を形成するのは妻が中心であり，子育ては女性の仕事であるとする，「三歳児神話」といわれる考えが依然として根強く残っているのです。しかし，現実的な視点からは夫も子どもとの間に愛着関係を形成し，子どもの発達を促進することは Lamb (1975) により証明されていて，現代社会では夫も妻以上に子育てに関わることが重要であることは共通の理解になっています。したがって，女性が第1子出産の後退職するのは子育て期に家庭内の夫の子育てへのサポートが十分に得られていないことも一要因であると考えられます。つまり，子育て期の夫の立場は仕事中心であり子育てのために必要な家庭関与が十分でなく，

夫のワーク・ライフ・バランスが十分に機能していないことを示す結果にもなります。いってみれば，夫の仕事への傾注が妻のワーク・ライフ・バランスを崩している現象を示すということもいえるのです[1]。妊娠期や乳幼児を育てる時期は養育者にかかる精神的，肉体的負担は他のライフステージに比較して特に多く，それに伴い多くのストレスが生じることも多くの研究で指摘されており，この時期のワーク・ライフ・バランスの重要性は特に際立っています。このことに関する研究が多く行われているのですが，Darcy & McCarthy（2007）は就学前児童から13歳までの子どもを育てている親のストレスを検討し，就学前児童の家庭の親のワーク・ファミリー・コンフリクトが一番大きく，ストレスも大きいことを指摘しています。しかも，妊娠期の妻は一般の就学前の子どもを育てている場合と異なり，自分自身の身体的健康を維持すること以上にこれから生まれてくる子どものことを常に気遣っており，そのために精神的健康の変動が子育ての他の時期に比較して大きい（三澤・片桐・小松・藤沢, 2004；Innstrand, Langballe, Espnes, Falkum & Aasland, 2008）ことも指摘されており，周囲の家族のサポートが大切になります。また妊産婦でも初産婦は経産婦以上に不安やストレスが高く精神的な支えが必要である（岩田, 2003）ともいわれており，この時期の家族の精神的な支えが不可欠になるのです。さらに，妊娠期の女性の身体的健康と同時に生まれてくる子どもに関して問題が生じやすいとする指摘もあり，就労妊婦では母胎や出生児の健康に高率に異常が見られること（阿南・椎葉・柴田・川本, 2010）や，妊娠・分娩異常に関して就労と流産，早産，妊娠中毒，低体重児の出産との関連性が見られること（伊藤, 2003）も報告されており，妊産婦の抱える身体的・精神的健康の重要性については今一度認識しておく必要があります。

---

[1] この考え方は家族システム論といわれるものです。家族の中の構成員の相互の影響に基づいた視点から人間の成長・発達と家族をとらえようとする立場をいいます（Minuchin, 1974）。

このように妊娠期や乳幼児の子育てに関わっている家庭でのワーク・ライフ・バランスは夫婦相互に抱える課題であると同時に，生まれてくる子どもの成長・発達にも影響をもたらす問題にまで波及します。

　したがって，妊娠期及び乳幼児期の子どもの子育てにあたっている家庭では男性の家庭への関わりが極めて重要であることは自明です。しかし共働き家庭の増加，女性の自己の生き方への意識の変化に伴い，最近男性にも子育てにも徐々に関心を持ち，実際に子育てへ関わりを持つようになっているようです。

　イクメンという言葉が出てから子育てに積極的に関わろうとする若いお父さんも出現してきており，ファザーリング・ジャパン（Fathering Japan）といわれる全国規模の組織も出現し，夫としての意識を持つと同時に，子育てに積極的に参画する父親が増加しつつあります。これは従来の男性の役割に拘束されている考えに対して離反するものであり，新しい男性の生き方が実践されてきていることを反映しており歓迎されるべきものです。しかし，その一方で妊娠期や乳幼児期に子育てのために育児休暇を取っている男性は世界的に見ても極めて少ないのが我が国の現状です。育児休暇の取得率の低さは，結果として夫の子育てへの関わりが十分にできないことになり，既述のような妻の抱える問題として噴出することとなります。

　育児休暇取得率の低さの状況について図4-3を見て頂きたいと思います。毎年厚生労働省から報告されている男女の育児休暇取得率の年次変化を示したものですが，少しずつ改善の傾向はあるものの男性の取得率の低さが目立ちます。北欧諸国ではパパ・クオータ制度[2]といわれる制度があり，父親

2）　パパ・クオータ制度は，育休の一定期間を父親に割り当てるものです。93年にノルウェーが導入し，北欧を中心に広がりました。ノルウェーの場合，育休を最長で54週間取得でき，うち6週間は父親のみが取得できますが，父親が取らなければ，権利が消滅してしまいます。育休中の手当は，最長の54週間取得した場合は出産前の給料の80％，44週間までなら100％が支給されます。その他フィンランド，デンマークなどでも実施されています。

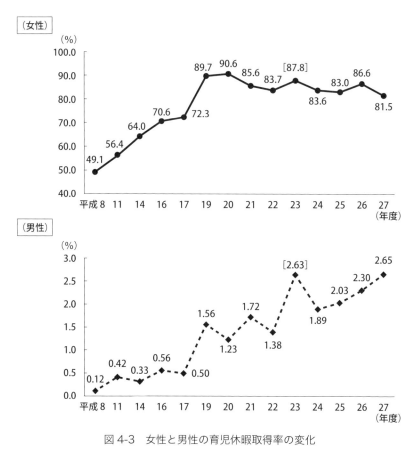

図 4-3　女性と男性の育児休暇取得率の変化

（出典）厚生労働省 児童家庭局雇用均等政策課 2016 平成 27 年度雇用均等基本調査

の育児が割り当てられており，しかも育児休暇取得期間の給与の補償があるためにかなりの高い比率で取得され日本に比較してかなり高くなっています。しかも，育児休暇の長さについてみた場合，日本の男性の場合際だって短いことが指摘できるのです。図4-4 に示すように，育児休暇を取得する場合の期間は 1 か月未満が多く，実質的には夫が育児に関わることは十分になされているとはいえず，育児休暇取得者の割合はここ10 年微増しているものの，

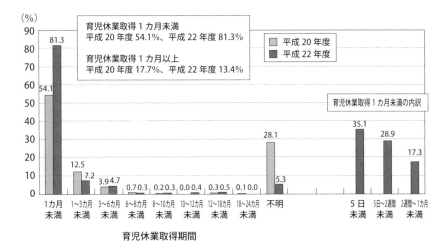

図 4-4　男性の育児休暇取得日数（松井，2012）

取得期間が短いために妻の子育てへのサポートは不十分といわざるを得ません。図4-4に示してありますが，多くの男性の育児休暇は1か月未満であり，その内訳は5日未満が35.1%，5日～2週間未満が28.9%であり，実質的には出産後の妻の助けにはなり得ていないのが現状です。この数字だけを見ると，出産という人生の中でも大きな出来事を経て，仕事を離れて子育てにあたるのは女性だけであり，子育てのための環境が十分に整っているとはいえない状況が続いているといわざるを得ません。

男性が十分な育児休暇を取らないことについての理由として，仕事が忙しく，自分が休暇を取ることによって周囲に迷惑をかける，休暇を取りづらい環境である，上司の理解が得られない，などのことがよく指摘されています。このことは自己の意識や行動の改善が求められる問題であると同時に，職場環境などの問題も一因としてあげられますが，一刻も早く改善に向けた取り組みが進められるべきです。

第2節　教師の労働状況と精神的健康

　私たちの生活の周りには多種多様な職業が存在します。医療関連，福祉関連，製造業関連，教育関連などあげられますが，どの職業もそれぞれにおいて専門性を要求されるものであり，社会に大きな貢献をもたらしているといえます。

　それぞれの職業において活躍している人々にとって，充実して労働に邁進しその結果家庭生活にも好影響をもたらすことは大変理にかなったことです。しかし，今まで見てきたように必ずしもそのことが実現されているとはいえない状況が現に存在しています。

　教師の仕事そのものを見ると，一般労働者に比べて職場内でのストレッサーの占める割合は大きいということがいわれています（中島，2000）。教師は子ども一人一人への対応，いじめへの対応，保護者への対応，そして会議や事務的仕事への対応など多くの複雑な問題に常にあたる必要があるのです。

　さらに，教師の抱える仕事時間の多さも指摘されています。2014年に公表された日本の教師と世界の教師との勤務状況の比較に関するOECDの調査によりますと（国立教育政策研究所，2014），日本の教師の一週間当たりの仕事時間が世界平均38.3時間であるのに対して53.9時間であり，世界で一番長い時間とされています。また，その時間内の教師の指導（授業）時間は世界の平均が19.3時間であるのに対して日本は17.7時間となっており授業に要する時間はほぼ同じであるものの，授業時間以外での時間が多く取られていることが示されています。日本の教師の場合，一般的事務業務に充てる時間が長いことやスポーツなどの課外活動に充てる時間が長いことが指摘されているのです。

　本来的に教師は授業や子どもへの対応に時間を多く費やし，教師としての仕事を全うするのが本来の姿ですが，授業や子どもへの関わり以外の仕事に

追われており，十分な達成感を得られていないのが現状のようです。多くの教師は忙しすぎて本来の教師としての仕事が十分に出来ていないと感じる教師は多いのです。このような教育環境下での教師はストレスを多く抱えることになります。

図4-5は全国の小学校・中学校・高校それぞれ540校，計5,373名の教員を対象として教員の仕事の悩みや不満について調査したものを学校種別に示したものです。それによると，教員の主な悩みは授業準備の時間が足りないこと，部活動・クラブ活動の指導が負担，仕事に追われて生活のゆとりがない，など生活と仕事のバランスが十分に取れていないことが示されています。この現象は，過重な業務が教員に相当な負担をもたらしており，小学校教員や中学校教員はかなり労働時間が長く，平均労働時間よりも長いことも指摘されています。いわゆる過労死ラインを越えているといわれるくらい多忙なのです。これは大変深刻な問題だといわざるを得ません。労働時間の増加は肉体的・精神的な負担を増しそれがストレスとしてさまざま健康上の問題を引き起こすことになります。この現況は教師の仕事は労働時間が極めて長く，ワーク・ライフ・バランスが得られない中で教育という仕事に従事している

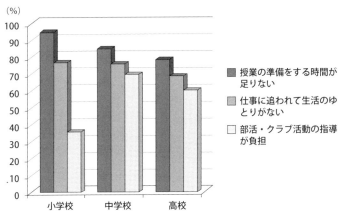

図4-5　教員の仕事の悩み・不満（朝日新聞2016を基に作成）

ことを示すものであり，日本の将来を担う子どもを育てる極めて重要な職業に従事している教員の悲鳴にも受け取れます。

一般に，教師の動機づけが高く生き生きと活動している学校は生徒も生き生きとしており，学校全体が活性化した状況にあり，生徒のモラルも促進されることを合わせて考えると，児童・生徒の成長・発達にも大きな影響をもたらす問題として看過できません。

第3節　女性の労働とジェンダーギャップ

私たちの生活している社会の中で，男女の地位についての意識に差があるのかどうかということに関して，基本的には男性の方が優遇されていると感じている人が多いようです。図4-6は平成26年10月時点の調査結果を示したものです。図に示すように，74.2%の人が男性の方が優遇されていると感じています。この差は，政治の場，社会通念・慣習・しきたりなどでは特に高く，家庭内の家事・育児，社会での仕事に関することなど多くの視点から見たもので，社会全体の状況を示したものです。

既述のように，年々女性の社会進出が進行しているものの，女性が社会の中で活躍できる条件は最近になってようやく少しずつ整備されてきているのが現状です。しかし，自分の持つ能力などを充分に発揮して実社会で活躍し，仕事と家庭に充実した生き方が出来ているとは必ずしもいえないことが指摘できます。このことに関連して女性の社会進出の度合いについて，報道機関・社長・経営者に占める女性の割合は世界の先進国と比較してもかなり低いことが指摘されています。また一方で，国会議員における女性比率について日本は11.3%で世界の中でも119番目に位置しており，管理的職業従事者については9.3%と国会議員と同様にかなり低いことも指摘されています（女性白書，2010）。平成27年度におけるジェンダー・ギャップ指数の日本の順位は世界145か国中101位となっています（The Global Gender Gap Report,

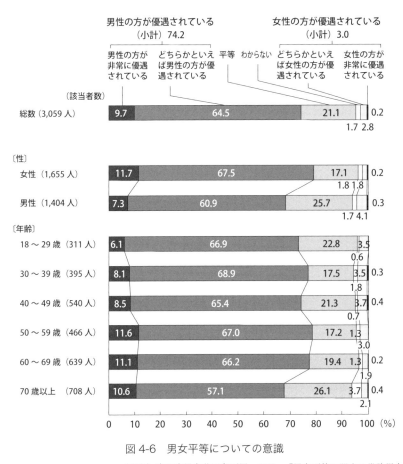

図 4-6　男女平等についての意識

（出典）内閣府男女共同参画局　2016　「男女平等に関する世論調査」

2015)。このように，男女の職場，家庭生活，社会全体における平等に関する調査から，女性は職場，家庭生活について男性の方が優遇されており，社会全体における地位も男性の方が優遇されていることが示され，ワーク・ライフ・バランスの根本である家庭と仕事に対する意識の相違が男女間に存在することも指摘できます。

　ここで指摘した内容は，日本の女性の社会的な立場や地位についての問題

ですが，男女関係なく仕事で重要な立場に立つことや，男性と同様に一線で活躍することは一人の人間としての生きがいや達成観に繋がるものです。言葉を換えれば自己実現という高いレベルでの人間としての充実感を得ることを示します。このこと自体，ワーク・ライフ・バランスの実践を通して本来の生きがいを感じることであり，ワーク・ライフ・バランスそのものを正に感じる体験になると思われます。

　また，第1節において日本の男性の労働時間の長さについて触れましたが，このことは家庭内の家族に間接的な影響をもたらすことになるのです。家事・育児などの家庭内の仕事を女性が中心になって行うということが結果として出てくるのです。時間的な視点からみても，男性の家庭外での関わりが多くなり女性が家庭内のことを処理するという一つの生活パターンが形成されていくことになります。このこと自体ワーク・ライフ・バランスの基本的なあり方を左右する問題であり，男女の仕事と家庭生活への関わり方そのものを今一度問い直すことも必要になります。

　また，子育て期の家庭では子育てにあたるのは女性が中心となることが多いのですが，ライフステージの後半には，両親の年齢に伴って，心身ともに弱っていく両親の生活や身体的な世話をすることも必要になってきます。いわゆる介護の問題として両親の世話をすることが課題として出現してくることになります。4人に1人以上が65歳以上になっている超高齢化社会を迎えている日本では自分の親の介護にあたることが徐々に増加しており，ワーク・ライフ・バランスに連動する大変重要な課題となっています。この介護に関して，女性が関わることが比率から見て高いことも指摘されており，特に女性の場合，子育てと介護に関わる負担増によりワーク・ライフ・バランスの在り方を根本的に再吟味することが必要になっています。一方で，女性に比較して男性の自分の親への介護の関わりは低いものの，徐々に関わるようになってきており，ワーク・ライフ・バランスに関わる新しい大きな問題として指摘されています。

第4節　ライフステージとワーク・ライフ・バランス

　人間は生を受けてから死ぬまでの間，幾つかライフステージを経て生活していきますが，常に人との関わりの中で生活しています。各ライフステージの中で家族とともに生活し続けることは外部との関わりを常に継続していることになります。いってみれば，家庭と社会との接点のはざまで交互に関わりを持ち合いながら生活しているのであり，それはまさにワーク・ライフ・バランスの考え方になります。

　ライフステージは家族の発達的な変化を示したものであり，これに関しては家族の変化に時間軸を視点に入れたライフサイクル（家族周期）として捉えて研究されています。従来のライフサイクルの研究については，子どもの発達に焦点を当てた場合が多いとされますが（森岡，1973），中でもHill（1965）の研究は古典的なものとして指摘されています。それによれば，9つの発達の段階が設定されており，それぞれⅠ：新婚期，Ⅱ：第1子出産から3歳未満までの時期，Ⅲ：第1子3歳から6歳未満の前学齢期，Ⅳ：第1子6歳から12歳までの学齢期，Ⅴ：第1子13歳から19歳までの思春期，Ⅵ：第1子20歳から離家に至るまで，Ⅶ：第1子離家から末子の独立まで，Ⅷ：末子離家から夫退職まで，Ⅸ：夫退職後に伴う老いゆく家族，という名称がつけられています。

　この指摘は1つの例ですが，家族には発達の各段階において家族として果たすべき課題が存在することとなります。

　実際問題，家族の変化に伴う家族内に生じる問題は家族が家族として変化を遂げるための重要な課題であり，ワーク・ライフ・バランスは家族が変化する各段階において生じる課題を平穏に解決することに貢献することにもなります。それでは家族の中に生じる問題にはどのようなものがあるのでしょうか。上記の指摘にもあるように，子どもの発達的変化を見ただけでもそれ

表 4-1　家族ライフサイクル別にみた基本的発達課題（望月，1980 より作成）

	基本的発達課題（目標）	目標達成手段（経済）	役割の配分・遂行	対社会との関係	備　考
婚前期	・婚前の二者関係の確立 ・身体的・心理的・社会的成熟の達成	・経済的自立の準備 ・新居の設定（親との同居・別居）	・新しい性役割の取得 ・結婚後の妻の就業についての意見調整	・相互の親族や知人の是認の確保	・性衝動のコントロール ・デート文化の確立
新婚期	・新しい家族と夫婦関係の形成 ・家族生活に対する長期的基本計画 ・出産計画	・安定した家計の設計 ・耐久消費財の整備 ・長期的家計計画（教育・住宅・老後） ・居住様式の確立 ・出産育児費の準備	・性生活への適応 ・夫婦間の性役割の形成 ・夫婦の生活時間の調整 ・生活習慣の調整 ・リーダーシップ・パターンの形成	・親や親戚との交際 ・近隣との交際 ・居住地の地域社会の理解 ・地域の諸団体活動への参加	・社会的諸手続き（婚姻届，住民登録）の完了
養育期	・乳幼児の健全な保育 ・第2子以下の出産計画 ・子の教育方針の調整	・子の成長にともなう家計の設計 ・教育費・住宅費を中心とした長期家計画の再検討	・父・母役割の取得 ・夫婦の役割分担の再検討 ・リーダーシップ・パターンの再検討	・近隣の子どもの遊戯集団の形成 ・保育所との関係 ・親族との関係の調整（祖父母と孫）	・妻の妊娠時への夫の配慮
教育期	・子の能力・適性による就学 ・妻の再就職と社会活動への参加 ・子の進路の決定 ・家族統合の維持	・教育費の計画 ・住宅の拡大・建設費の計画 ・老親扶養の設計 ・余暇活動費の設計 ・子の勉強部屋の確保	・子の成長による親役割の再検討 ・子の家族役割への参加 ・夫婦関係の再調整 ・余暇活動の設計 ・家族の生活時間の調整 ・妻の就業による役割分担の調整	・老親扶養をめぐっての親族関係の調整 ・PTA活動への参加 ・婦人会，地域社会活動への参加 ・婦人学級・成人学級など学習活動への参加 ・夫の就業活動の充実	・家族成員の生活領域の拡散への対処
排出期	・子の就職・経済的自立への配慮 ・子の情緒的自立への指導 ・子の配偶者選択・結婚への援助	・子の結婚資金の準備 ・老後の生活のための家計計画 ・子の離家後の住宅利用の検討	・子の独立を支援するための役割 ・子の離家後の夫婦関係の成長性 ・子の離家後の生活習慣の再調整	・地域社会活動への参加 ・奉仕活動への参加 ・趣味・文化活動への参加	・妻の更年期への対処
老年期	・安定した老後のための生活設計 ・老後の生きがい・楽しみの設計	・定年退職後の再就職 ・老夫婦向きの住宅の改善 ・健康維持への配慮 ・安定した家計の維持 ・遺産配分の計画	・祖父母としての役割取得 ・やすらぎのある夫婦関係の樹立 ・夫婦としての再確認 ・健康維持のための生活習慣	・子の家族との関係の調整 ・地域社会活動・奉仕活動・趣味・文化活動参加の維持 ・老人クラブ・老人大学への参加 ・地域活動への参加（生活経験を社会的に生かすこと）	・健康維持 ・内閉的生活の傾向への対処
孤老期	・ひとりぐらしの生活設計	・ひとりぐらしの家計の設計 ・ひとりぐらしの住宅利用 ・遺産分配の計画	・子どもによる役割の補充 ・社会機関による役割の補充	・社会福祉サービスの受容 ・老人クラブ・老人大学への参加 ・新しい仲間づくり，友人関係の活用	・孤立はしても孤独にならないこと

に付随する出来事が多くあることは理解できます。表4-1は、ライフステージを基礎として、結婚前から結婚に至るまで、結婚後の家庭の変化、家庭の成熟、子どもの独立に伴う家庭の変化など、家庭内と社会との関わりを示したものであり、それに伴う家族内の問題の状況が示されています。家族としての目標、経済、家族メンバーの役割の配分と遂行、社会との関係などの課題があげられていますが、その中には子育ての問題、親としての生き方の問題、夫婦間の調整の在り方、社会との関係の在り方などワーク・ライフ・バランスに関連する重要事項が存在することが指摘できます。

　この家族の発達段階にみられるように、各発達段階において子どもや両親の家族への関わり、家族間の関わり、社会との関係の在り方は異なり、それに伴い生活状況の実態も当然異なっています。したがって、ワーク・ライフ・バランスを捉えるにはこの家族の発達的な段階に基づくライフサイクルの視点は特に不可欠となります。養育期は子育てと家庭と仕事のバランスを如何に取るかという問題が生じ、この表からは読み取れないのですが、排出期以降自分の親の肉体的・精神的老化に伴い、親の介護の問題が出現することとなります。我々は生きている間、常に人との関わりの中におり、その人々から恩恵を受ける一方でその人の世話をすることも必要になり、常に人との接点の中で調整を図りながらも仕事や社会との関わりを取り続け、生涯ワーク・ライフ・バランスを継続してその中で生きているといっても過言ではありません。

第5節　本書のねらい

　第4節までは日本国内のワーク・ライフ・バランスに関連する現状と問題を取りあげ、それに関連する事柄を検討してきました。
　ワーク・ライフ・バランスの考え方は比較的最近受け入れられるようになったのですが、十分に理解され実践されているのでしょうか。この素朴な疑問

に対する回答は「否」です。それは既述のように日本人全体にいえることですが，労働時間が長すぎ，家庭よりも労働に従事する傾向が強いことに示されています。我が国ではそのような生活をしてきた人が多かったのですが，それは毎日の生活の繰り返しによって当然の流れとして感覚的に身についてきたために何の疑問も持たずに生活を続けたことが原因の1つとしてあげられると思われます。また，女性の社会進出が進行する一方で，仕事に対する男性と女性の役割観の相違，またそのためにライフステージ全般を通して子育てに時間を費やさなければならない時期の女性への過重負担など多くの問題が絡んでいます。

　ワーク・ライフ・バランスは言葉の意味する通りに，人間としてより人間らしく豊な生活を実現するために生活と仕事のバランスを如何に取るかということに他なりません。ワーク・ライフ・バランスは私たちの生活の基盤形成をしているといえるのですが，基本的には生活の中には家族の共有の時間を持つこと，余暇時間の有効な活用，また自分の住んでいる地域と関わりを持つことなどが含まれており，この各種の活動を如何にこなすかということになります。しかし，現実にはこれらの各活動についての関わりについては具体的に取りあげられ調べられていないようです。つまり，ワーク・ライフ・バランスという場合には仕事と家庭というひとくくりの中で理論が述べられており，家庭と仕事への関わりの状況（具体的にはそれぞれへの関わり方，比率など）は十分に語られていないようです。これは家族にはそれぞれの生活があり，しかもその様子も異なることから踏み込んだ議論が十分にされていないことによるかもしれません。このようなことからワーク・ライフ・バランスという言葉の中には，仕事と家庭への関わりについて重要な考え方であることは理解できていても，それぞれどのように関わればよいのかはそれぞれの家庭に任されているようです。

　しかし，現実的な問題として，「仕事」「家庭」「余暇時間」「地域」の各要素の活用のされ方によっては家族に及ぼす影響の相違が出てきます。例えば

「余暇時間」についてみると，Dumazedier（1972）は家庭生活の中で余暇時間は身体的・肉体的疲労の回復のみならず自己開発のための重要な時間であることを指摘しています。つまり自分の人間としての生き方を高めるための大切な時間であるということです。特に最近は価値観の多様化ということが指摘されているように，多種多様に我々一人一人の興味関心，そしてそれに応じた時間の過ごし方が存在していますので，余暇時間の持つ意味がかなり重要になってきていると思われます。他に家庭との関わりも極めて重要な位置づけであることには変わりありません。このような各要素について，家庭ごとに関わり方が異なることは容易に想像されるのですが，個々の要素の在り方が家族にどのような影響をもたらすのかを踏み込んでみる必要があります。つまり，それぞれの関わり方の状況によって家族に及ぼす影響の違いを検討し，ワーク・ライフ・バランスのより望ましいあり方を検討することが求められます。本書ではこのことを1つ目の目的とします。これは，ワーク・ライフ・バランスの本来の姿を検証することになります。それと同時に，時間的展望に基づいて検討するためにライフステージを軸にしてステージごとの比較を加えます。これは，既に述べてありますが，表4-1に示してあるようにライフステージによっては，子どもの誕生から成長に伴って夫と妻にかかる家庭の負担などが変化するために，ワーク・ライフ・バランスの在り方が異なるためです。特に指摘されているように，子育て期にある夫婦は人生の中でも一番ストレスを抱えやすいとされています。この時期，どのような生活状況がより望ましいのか，あるいは子どもが成長した後では，夫婦関係の再構築が求められますが，この時期にはどのような生活状況が理想的なのか，など関心は尽きません。このような視点から，子どもの成長に伴うライフステージに沿って検討し，それを比較してみることによってステージ別にどのような生活状況がワーク・ライフ・バランスとしてより適切なのかを検討します。つまり，各生活状況が家族にもたらす影響を明らかにすることが必要になります。家族に与える影響に関しては次に示す通り，家族状況が影響

を受ける事柄として次の3つの視点に検討を加えることを目的とします。それぞれ,「夫婦関係」「ストレス」「家族機能」です。

「夫婦関係」の在り方は家族をシステムとして見た場合,家族全体の在り方を左右する核になります。具体的には夫と妻のそれぞれがお互いをどのように見ているのかを取り上げ,そこから夫婦関係の良好性について見ていきます。次に家族成員の抱える「ストレス」を検討します。家族に問題が生じる場合,家族成員は何らかの精神的影響を受けますが,特にストレスが生じやすくなります。ここでは特に家族成員の持つ不安について見ます。そして最後に「家族機能」を取りあげます。「家族機能」とは家族全体の状況あるいは特徴を指し示す言葉ですが,民主的な家族,社交的な家族,家族成員がバラバラな家族や放任など健全な家族から機能不全を示す家族などまであり,その中で生活している家族成員にも大きな影響をもたらします。

これらのことを第Ⅱ部(第5章～第9章)で明らかにしていきますが,その際に専業主婦家庭と共働き家庭それぞれについて検討し,より現実的な視点から確認します。

2つ目の目的は最初の目的に先立って把握しておくべき内容です。既に第1章と第3章で触れましたが,現在我が国が直面しているワーク・ライフ・バランスに関連する現状と問題点について確認することです。これに加えて,さらに今後の方向性について各種のデータに触れながら第10章を中心として検討を加えていくことも含めます。

以上のように2つの目的に基づく視点からワーク・ライフ・バランスについて改めて検討を加え,これからの生活に資する,より幅のある生き方を模索することを目的とします。

引用・参考文献

阿南あゆみ・椎葉美千代・柴田栄治・川本利恵子 2010 妊娠中の労働による健康影響と心理的ストレス 産業医科大学雑誌, 32 (4), 367-374.

Bowlby, J. 1973 *Attachment and loss:Vol.2. Separetion:Anxiety and anger.* New York:Basic

Books.

Darcy, C., & McCarthy. 2007 Work-family conflict: An exploration of the differential effects of a dependent child's age on working parents. *Journal of European Indusrial Training*, 31(7), 530-549.

デュマズディエ　中島巌（訳）　1972　余暇文明へ向かって　東京創元社

福田佳織　2011　父親と家族―家族の発達段階―　尾形和男（編著）父親の心理学　北大路書房

Hill, R. 1965 "Decision Making and the Family Life Cycle" in Shanas and Streib (eds.). *Social Structure and the family: Generational Relations*, Prentice Hall, 113-139.

Innstrand, S.T., Langballe, E.M, Espnes, G.A., Falkum, E., & Aasland., O.G. 2008 Positive and Longitudinal study of reciprocal relations. *Work & Strees*, 22(1), No1, 1-15.

伊藤久美子　2003　就労妊婦の健康問題と研究課題　北海道大学大学院教育学研究科紀要，88, 291-301.

岩田銀子　2003　妊婦の不安に対するソーシャルサポートの効果―夫・家族・助産師のサポートを中心として―　北海道大学大学院教育学研究科紀要，88, 151-158.

女性白書　2010　日本婦人団体連合会編　ほるぷ出版

国立教育政策所（編）　2014　教員環境の国際比較―OECD国際教員指導環境調査（TALIS）2013年調査結果報告書　明石書店

国立社会保障・人口問題研究所　2010　第14回出生動向基本調査（夫婦調査）http://www.ipss.go.jp/ps-doukou/j/doukou14/doukou14.pdf（アクセス日：2017年8月20日）

厚生労働省　雇用均等・児童家庭局雇用均等政策課　2016　平成27年度雇用均等基本調査の結果概要

Lamb, M. 1975 Fathers: Forgotten contributors to child development. *Human Development*, 18, 245-266.

松井滋樹　2012　男性の育児に関する支援策の在り方―男性の育児休業取得推進ばかりに方向が向いてよいのか―　東レ経営研究所　経営センサー

Minuchin, S. 1974 *Families and family therapy*. Cambrige: Harvard University Press.

三澤寿美・片岡千鶴・小松良子・藤沢洋子　2004　母性発達課題に関する研究（第2報）―妊娠期にあるはじめて子どもをもつ女性の気持ちに影響を及ぼす要因―　山形保健医療研究，7, 9-21.

三菱ＵＦＪリサーチ＆コンサルティング　2008　両立支援に係る諸問題に関する総合的調査研究

森岡清美　1973　家族周期論　培風館

望月崇　1980　現代社会の生と死　望月崇・木村汎（編）　現代家族の危機―新しいライフスタイルの設計―　有斐閣

内閣府男女共同参画局　2016　男女平等に関する世論調査
内閣府男女共同参画局　2016　男女共同参画白書
中島一憲　2000　特集　先生のストレス　先生のストレスとその対処法　教育と情報，503，14-19.
The Global Gender Gap Report 2015 World Economic Forum
山口一男　2010　ワーク・ライフ・バランス―実証と政策提言―　日本経済新聞出版

第Ⅱ部
調査結果の紹介

第5章以降第9章まで，ワーク・ライフ・バランスに関する調査の結果を紹介します[1]。

　ここで紹介する内容は，ワーク・ライフ・バランスが求められている昨今，共働き家庭と専業主婦家庭で夫と妻がそれぞれどのような働き方をすれば，心身ともに健康で生き甲斐のある生活を送ることに繋がるのか，という問いに対する回答を探索したものであるということです。

　具体的には「家庭関与」，「仕事関与」，「余暇活動」，「地域活動」の4つの事柄の関わり合いの状況（形態）によって，家族が受ける影響（夫婦関係・家族成員のストレス〈不安〉，家族機能）について検討を加え，そこから望ましいワーク・ライフ・バランスの形態を探ることとします。

　家族機能という言葉は余り聞かないと思いますが，これは家族としてどのような特色を持っているのかということを表したものです。例えば，家族のメンバーが自由に自分の意見を言い合い物事を決めて行くことが特色となっている家族（民主的），家族のメンバーがお互いに結びつきの強い家族（結合性），家族内のことをある特定の人が殆ど決めて行く家族（権威的），家族のメンバーがそれぞれ自由に感じたり表見したりする家族（表現性）などの特色を表す言葉です。本書ではこれらの家族機能を扱っています。

　また，望ましいワーク・ライフ・バランスの形態は既述のように，ライフステージに応じて異なることは予想されることですから，妊婦（胎児）・幼児・児童・中学生・高校生・大学生，と家族成員である子どものそれぞれの年齢に合わせてライフステージを設定し，それぞれのライフステージごとの状況の紹介と全ライフステージを合わせて各ライフステージの比較を可能にした分析結果を紹介することにしました。

　同時に，家族形態としては専業主婦家庭と共働き家庭の2形態を取り上げ，それぞれの状況も紹介することとしました。

---

1) この調査は2011年～2013年に愛知県，埼玉県，千葉県，東京都を中心に実施されたものです。

第5章　ライフステージを通した家族形態別の生活の特徴

〔専業主婦家庭〕

第1節　調査結果の概要[2]

(1) 各ライフステージの世帯数

全ライフステージ828世帯のうち，各ライフステージの世帯数は，妊婦家庭137世帯（16.5%），乳幼児家庭296世帯（35.7%），児童家庭135世帯（16.3%），中学生家庭129世帯（15.6%），高校生家庭70世帯（8.5%），大学生世帯61世帯（7.4%）でした。

(2) 各ライフステージの夫の職種

各ライフステージの父親の職種の割合は表5-1のとおりです。職種が未記

表5-1　各ライフステージの夫の職種（専業主婦家庭）（%）

ライフステージ＼夫の職種	会社員	教員	公務員	自営業	その他	未記入
妊婦家庭（137）	85.4	1.5	0.7	2.2	10.2	0
乳幼児家庭（296）	81.1	0.3	6.8	3.7	4.4	3.7
児童家庭（135）	61.5	0.7	10.4	8.2	9.6	9.6
中学生家庭（129）	57.4	1.6	1.6	10.9	2.3	26.3
高校生家庭（70）	58.6	1.4	5.7	8.6	5.7	20.0
大学生家庭（61）	41.0	8.2	3.3	6.6	32.8	8.2

---

[2] 第5章～第9章で紹介する調査結果は，科学研究費基盤研究（C）「ライフステージに

入の場合も，有職者に回答を求めている質問に回答している夫は，分析に含めました。この表から，本調査の対象者の夫は，いずれのライフステージも会社員が最も多いことがわかります。

(3) 各ライフステージの子どもの性別と平均年齢

表 5-2 に示すように乳幼児家庭の子どもの性別は男 144 名（48.6％），女 150 名（50.7％），不明 2 名（0.7％）で平均年齢が 4.28 歳，児童家庭の子どもの性別は男 70 名（51.9％），女 60 名（44.4％），不明 5 名（3.7％）で平均年齢が 9.28 歳，中学生家庭の子どもの性別は男 74 名（57.4％），女 52 名（40.3％），不明 3 名（2.3％）で平均年齢が 13.93 歳，高校生家庭の子どもの性別は男 18 名（25.7％），女 48 名（68.6％），不明 4 名（5.7％）で平均年齢が 16.42 歳，大

表 5-2 各ライフステージの夫婦の年代分布（％）

ライフステージ ＼ 年代		20 代	30 代	40 代	50 代	60 代以上	不明
妊婦家庭 （137 家庭）	夫	19.7	64.2	7.3	1.5	0.7	6.6
	妻	32.8	57.7	1.5	1.5	0	6.6
乳幼児家庭 （296 家庭）	夫	9.5	63.9	24.3	0.7	0	1.7
	妻	13.5	71.3	13.9	0.3	0	1.0
児童家庭 （135 家庭）	夫	4.4	41.5	45.2	4.4	1.5	3.0
	妻	4.4	56.3	34.1	1.5	0.7	3.0
中学生家庭 （129 家庭）	夫	0.7	7.0	63.6	22.5	1.6	4.7
	妻	0	14.0	79.8	5.4	0	0.8
高校生家庭 （70 家庭）	夫	0	0	61.4	35.7	1.4	1.4
	妻	0	1.4	81.4	15.7	0	1.4
大学生家庭 （61 家庭）	夫	0	0	24.6	60.7	9.8	4.9
	妻	0	1.6	50.8	42.6	1.6	3.3

基づく父親・母親のワーク・ライフ・バランスと家族成員の発達・適応」2011-2013（研究代表者尾形和男）に基づいて調査・発表されたものを基にしています。

学生家庭の子どもの性別は男 16 名（26.2％），女 37 名（78.7％），不明 8 名（13.1％）で平均年齢が 19.47 歳でした。

(4) 各ライフステージの父母の年代分布

各ライフステージの父母の年代分布の割合は以下のとおりです。この表から，本調査の妊婦家庭，乳幼児家庭は，夫婦ともに 30 代が中心，児童家庭の夫は 30 代，40 代が中心，妻は 30 代が中心，中学生家庭，高校生家庭は夫婦ともに 40 代が中心，大学生家庭の夫は 50 代が中心，妻は 40 代，50 代が中心であることがわかります。

第 2 節　各ライフステージにおける夫の生活状況の特徴

(1) 夫の生活領域

専業主婦家庭の夫の生活がどのような領域で構成されているか見てみましょう。ここでは，生活領域に関する質問 22 項目から「家庭関与」「仕事関与」「余暇活動」「地域活動」の 4 つの領域が抽出されました[3]。

---

[3] 夫の生活領域を尋ねる 22 項目（尾形，2013）に 5～1 点（かなりあてはまる～全くあてはまらない）を付与し，主因子法プロマックス回転，4 因子固定の因子分析を行いました。そして，1 つの因子にのみ絶対値 .40 以上の負荷量を基準に項目を選択しました。その結果，"私は休暇のとき，妻と一緒にいる時間を大事にしている"，"私は休暇のとき，家族のみんなを誘って出かけることがある" などに負荷の高い第 1 因子「家庭関与」，"私は仕事が順調のとき，家族と良く話をする"，"私は仕事がうまくいっているときは，表情に出やすい" などに負荷の高い第 2 因子「仕事関与」，"私は時間があるときは，自分の趣味を行うことがある"，"日曜日などは自分の時間を作って楽しむ" などに負荷の高い第 3 因子「余暇活動」，"町会など近隣の仕事に関わるのは楽しい"，"町会など近隣の仕事に関わるのはおっくうである（逆転項目）" などに負荷の高い第 4 因子「地域活動」が抽出されました。また，4 つの因子得点（各項目の得点の合計／項目数）を算出し，分析に用いました。共働き家庭の分析も同じ手順に基づきます。なお，因子分析の結果および信頼性係数（Cronbach の α）については，巻末資料（資料 1-1）を参照して下さい。

[4] 夫の生活領域 4 因子得点を基にした階層的クラスター分析（ウォード法）を行いまし

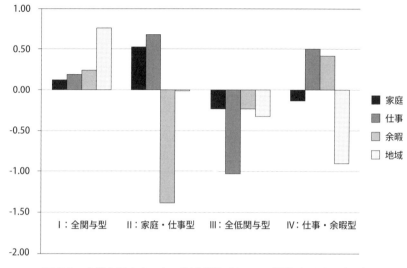

図 5-1　専業主婦家庭の夫の生活状況パターン（平均を 0 とした図）

（2）夫の生活状況の特徴

ライフステージ全体における夫の生活状況は，図 5-1 のように 4 つのパターンに分類されました[4]。

1 つ目のパターンは地域活動に高く関与し，他のすべての領域にも平均値以上に関与していることがわかります。このことから，Ⅰ「地域を中心とした全関与型（全関与型）」と命名しました。2 つ目のパターンは家庭と仕事のみの関与が高く，余暇活動への関与が極端に低いことがわかります。このことからⅡ「家庭・仕事型」と命名しました。3 つ目のパターンは仕事への関与がかなり低く，その他のすべての領域も平均値を下回った関与であることがわかります。このことから，Ⅲ「仕事を中心とした全低関与型（全低関与

た（分析方法の詳細は，石村貞夫・加藤千恵子・劉晨・石村友二郎 2015『SPSS でやさしく学ぶアンケート処理（第 4 版）』（東京図書）などをご参照ください）。

型)」と命名しました。4つ目のパターンは仕事と余暇のみ関与が比較的高く，地域活動への関与はかなり低く，家庭関与も平均値を下回っていることがかわります。このことから，Ⅳ「仕事・余暇型」と命名しました。

第3節　調査結果から見る夫の生活状況と問題点

全ライフステージにおいて，上記の4パターンのいずれかに属する家庭は784家庭で，いずれにも属さない家庭が44家庭ありました（以下では，44家庭を除いた784家庭を分析対象とします）。

図5-2から，夫の生活状況の特徴は，児童家庭を除いてⅠ「全関与型」が最も多いことがわかります。内閣府（2007）の「仕事と生活の調和（ワーク・ライフ・バランス）憲章」には，「誰もがやりがいや充実感を感じながら働き，

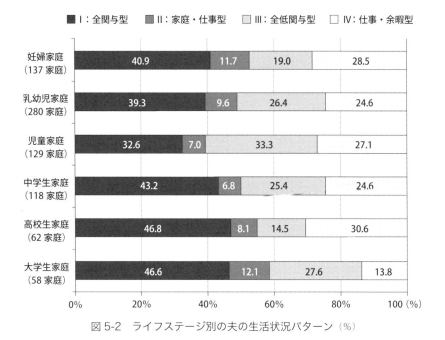

図5-2　ライフステージ別の夫の生活状況パターン（%）

仕事上の責任を果たす一方で，子育て・介護の時間や，家庭・地域・自己啓発等に係る個人の時間をもてる健康で豊かな生活ができるよう，今こそ，社会全体で仕事と生活の双方の調和の実現を希求していかなければならない」とあり，様々な領域への関与が人間にとってプラスに働くことを提唱しています。つまり，Ⅰ「全関与型」のようなパターンがワーク・ライフ・バランスの目指すところであり，ほぼすべてのライフステージでこのパターンが最も多いことは望ましい傾向にあるということになります。

　ライフステージを通して最も少ないのはⅡ「家庭・仕事型」です。余暇活動への関与を極端に減らし，その分を家庭と仕事への関与に充てるように見えるこのパターンは，夫にとってなかなか難しい生活パターンかもしれません。自分の時間を大切にしたいと思う男性は少なくないからです。そのため，こうしたパターンがライフステージを通して少ないのでしょう。

　ところで，もともと「仕事と生活の調和（ワーク・ライフ・バランス）憲章」は個人の充実した生き方の重要性，また，その充実した生活が社会に及ぼす影響に着眼してきました。そのため，これまでの研究では，個人の生活形態の特性がその個人の精神的健康（例えば，島田・島津・川上，2012）や個人の意識・行動とどう関連するのか（例えば，岩下，2010；久保・倉持・岸田・及川・田村，2013；佐藤，2013）に焦点があてられてきました。しかし，既に第4章で触れた家族システム論の考えに基づくと仕事と生活とのバランスを論じる上で，その個人への影響に着目するのみならず，その個人と関係の深い人，つまり家族成員への影響にも目を向ける必要があるのではないでしょうか。個人の生活形態の特性が他の家族成員に何らかの影響をもたらす（もたらされる）ことは間違いありません。夫の生活状況パターンは，その夫本人にとっては望ましい場合であっても，夫と生活を共にする家族成員にとっては望ましくない場合もあるかもしれません。ワーク・ライフ・バランスは，その本人のみならず家族成員にとっても望ましいものでなければなりません。

　また，夫のワーク・ライフ・バランスの特徴は，ライフステージによって

異なる可能性もあります。子どもの有無や子どもの成長段階によって，家族成員の様相は大きく変わるためです。岡堂（1999）によれば，子どもが誕生するまでの段階（妊婦家庭）では，家庭内の役割などについて夫婦間での危機が顕在化し，子どもが就学するまでの段階（乳幼児家庭）では，育児によって増大した家庭内役割を上手く分担することなどが課題となり，子どもが学童期の段階（児童家庭）では，親子間の境界の変化への適応などが課題となったり，妻の生活領域の拡大に伴う葛藤が顕在化したりするといいます。さらに，子どもが10代の段階（中学生〜大学生家庭）では，夫婦関係の再認識に伴う葛藤が生じたり，更年期の混乱や夫の「自己価値」の認識に伴う葛藤などが生じるといいます。また，夫の働き方や意識も夫の年齢とともに変化するでしょう。こうしたライフステージに付随した変化に家族成員が適応する必要がある中で，夫のワーク・ライフ・バランスは唯一絶対の形ではなく，ライフステージによって様相を異にすることが予想されます。

そこで，専業主婦家庭の分析では，夫をはじめ，家族成員（妻・子ども）への影響をも視野に入れ，子どもの成長（胎児〜大学生）に基づくライフステージごとに，夫や家族成員にとって，ワーク・ライフ・バランス状態になり得る夫の生活状況の特徴について検討していきます。

〔共働き家庭〕

第1節　調査結果の概要

(1) 各ライフステージの世帯数

本書の分析では，夫と妻両方が就労している世帯を共働き家庭としました。全世帯数は1,364世帯でした。そのうち，妊婦家庭は121世帯（8.9％），乳幼児家庭は147世帯（10.8％），児童家庭は241世帯（17.7％），中学生家庭は434世帯（31.8％），高校生家庭は199世帯（14.6％），大学生家庭は222世帯

(16.3%) でした.

(2) 各ライフステージの夫・妻の職種

各ライフステージの夫と妻の職種を表 5-3,表 5-4 にまとめました.職種が未記入だった場合でも,有職者に回答を求めている生活状況特性の質問に回答している場合は有職として扱いました.

夫の職種はいずれのライフステージも会社員の割合が最も高く,4 割から 7 割を占めています.妻の職種は,妊婦家庭では会社員が最も多く半数を占めるものの,乳幼児家庭になるとパートタイムの割合が会社員を上回り,それ以降のライフステージではパートタイムが 6 割を超えています.子育てが落ち着いた頃に再就職する M 字型就労が日本の女性の働き方の特徴といわ

表 5-3 各ライフステージの夫の職種（共働き家庭）(%)

ライフステージ＼夫の職種	会社員	教員	公務員	自営業	その他	未記入
妊婦家庭（121 家庭）	78.5	3.3	7.4	4.1	6.6	0
乳幼児家庭（147 家庭）	62.6	4.1	8.8	8.8	12.9	2.7
児童家庭（241 家庭）	61.0	1.2	10.4	11.6	7.5	8.3
中学生家庭（434 家庭）	55.5	1.8	3.7	10.8	4.8	23.3
高校生家庭（199 家庭）	63.8	3.0	3.5	8.0	1.5	20.1
大学生家庭（222 家庭）	45.0	7.7	6.3	9.9	17.1	14.0

表 5-4 各ライフステージの妻の職種（共働き家庭）(%)

ライフステージ＼妻の職種	会社員	教員	公務員	パートタイム	その他	未記入
妊婦家庭（121 家庭）	53.7	6.6	7.4	24.0	8.3	0
乳幼児家庭（147 家庭）	27.9	12.9	5.4	37.4	16.3	0
児童家庭（241 家庭）	9.5	7.9	4.6	68.0	9.5	0.4
中学生家庭（434 家庭）	12.9	3.0	2.5	68.2	11.5	1.8
高校生家庭（199 家庭）	12.6	5.5	2.5	66.8	12.1	0.5
大学生家庭（222 家庭）	9.9	6.8	3.6	67.1	12.2	0.5

れています。本調査では，結婚や妊娠・出産を機に働き方を変えたかは尋ねていませんが，表5-4を見ると，子育てがひと段落した世代の働き方として，フルタイムよりもパートタイムが多いことがうかがえます。仕事と家庭の両立を考え，自らパートタイム就労を積極的に選択した場合もあれば，フルタイム就労を希望したにも関わらず，それが叶わなかった場合もあるでしょう。いずれにせよ，本研究では共働きといってもパートタイム就労が半数を占めることを踏まえて，結果を読み取っていく必要があります。

(3) 各ライフステージの子どもの性別と平均年齢

乳幼児家庭の子どもの性別は男児75名（51.0％），女児69名（46.9％），不明3名（2.0％）で平均年齢が3.89歳でした。児童家庭は子どもの性別が男児120名（49.8％），女児115名（47.7％），不明6名（2.5％）で平均年齢が9.38歳でした。中学生家庭は，子どもの性別が男性208名（47.9％），女性213名（49.1％），不明13名（6.9％）で平均年齢が14.04歳，高校生家庭は，子どもの性別が男性76名（38.2％），女性107名（53.8％），不明16名（8.0％）平均年齢が16.55歳，大学生家庭は子どもの性別が男性58名（26.1％），女性146名（65.8％），不明18名（8.1％）で平均年齢が19.76歳でした。

(4) 各ライフステージの夫・妻の年代分布

表5-5から夫と妻の年代をライフステージごとに見てみると，妊婦家庭は夫，妻ともに20代，30代が8割を占め，乳幼児家庭では夫も妻も30代が6割（夫），7割（妻）を占めています。児童家庭になると20代は減り，30代，40代が合わせて9割を占めています。中学生家庭では，夫と妻ともに40代が7割以上を占め，高校生及び大学生家庭では40代，50代が9割を占めています。また，各ライフステージの夫と妻の年代分布を比べてみると，いずれのライフステージも夫の方が上の年代を占める割合が高いことがわかります。

表 5-5 各ライフステージの夫・妻の年代分布（%）

ライフステージ	年代		20代	30代	40代	50代	60代	無回答
妊婦家庭（121家庭）	夫		28.9	52.9	9.1	1.7	0.8	6.6
	妻		38.0	48.8	4.1	2.5	0	6.6
乳幼児家庭（147家庭）	夫		8.8	64.6	24.5	1.4	0	0.7
	妻		12.9	75.5	11.6	0	0	0
児童家庭（241家庭）	夫		0.4	34.9	58.5	5.4	0	0.8
	妻		1.2	49.8	46.5	1.7	0	0.8
中学生家庭（434家庭）	夫		0	8.8	72.8	14.3	0.2	3.9
	妻		0	16.6	78.8	2.8	0	1.8
高校生家庭（199家庭）	夫		0	2.6	62.2	31.1	0.5	5.1
	妻		0	5.0	78.4	14.6	0.5	1.5
大学生家庭（222家庭）	夫		0	0	32.9	55.4	3.6	8.1
	妻		0	0.5	61.3	35.6	0.5	2.3

第2節　各ライフステージにおける夫婦の生活状況の特徴

(1) 夫婦の生活領域

　それでは共働き家庭での夫と妻の生活がどのような領域で構成されているのか見てみましょう。ここでは、専業主婦家庭の分析と同様に、生活領域に関する質問22項目に対して因子分析[5]を行いました。夫と妻それぞれの生活領域として「家庭関与」「仕事関与」「余暇活動」「地域活動」の4つが抽出されました。「家庭関与」には"私は休暇のとき、妻（夫）と一緒にいる時間を大事にしている"、"私は休暇のとき、家族みんなを誘って出かける

---

[5] 因子分析は、主因子法プロマックス回転を行ないました。その際、固有値の減衰状況から4因子が妥当と判断し、4因子に固定しました。因子分析の結果および信頼性係数（Chronbachのα）は、巻末資料（資料2-1、資料2-2）を参照して下さい。

ことがある"など，配偶者や子どもと共に過ごしたり，積極的に関わる項目が含まれています。「仕事関与」には"私は仕事がうまく行っているときには，表情に出やすい"，"私は仕事が順調な時，家族とよく話をする"，"私は休暇のときでも仕事のことが頭から離れないことがある"など，仕事への精神的関与の高さを示す項目が含まれています。「余暇活動」には"自分の趣味など時間をとってゆっくりと楽しむのが好きだ"，"私は時間があるときは，自分の趣味を行うことがある"など，「地域活動」には"町会など近隣の仕事に関わるのは楽しい"，"町会など近隣の仕事に関わるのはおっくうである（逆転項目）"などの項目が含まれています。

(2) 夫婦の生活状況の特徴

共働き家庭と言っても，その生活状況は家庭によってさまざまです。例えば，夫が仕事中心に生活し，妻が家事・育児等の家庭中心の生活を送っている家庭もあるでしょう。また，夫と妻が家事や育児など家庭のことや地域での活動を分担し，夫も妻も仕事や余暇に同程度の時間・エネルギーを仕事に投入している家庭もあるでしょう。夫婦の生活は各家庭によっても異なりますし，また，子どもの成長段階や就労状況（勤務状況）や仕事の内容によっても異なります。このように多様な生活状況を捉えるために，前項で抽出した生活領域を元に図5-3に示すように，夫と妻の生活状況を4つのパターンに分類しました[6]。

1つ目は，夫婦ともに家庭への関与が高いA「夫婦家庭中心型」パターンです。このパターンは夫も妻も同じ程度家庭に関与していますが，夫は妻よりも仕事関与や余暇活動が高い傾向にあります。また，夫婦ともに地域活動が低いことも特徴としてみられます。2つ目は，夫婦ともに地域活動を中心に全ての領域での関与が高いB「夫婦全関与型」です。このパターンでは夫

---

[6] パターンの生成には，専業主婦家庭データの分析と同様に階層的クラスター分析（ウォード法）を行いました。

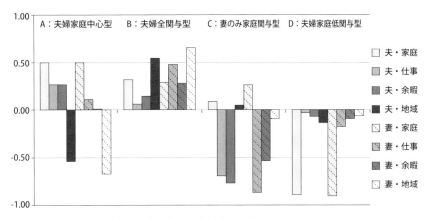

図 5-3　共働き家庭の夫婦の生活状況パターン（平均を 0 とした図）

婦の家庭関与は同じ程度ですが，妻の仕事関与が夫より高いことも特徴です。3つ目は，妻の家庭関与が高く，それ以外の領域は低いことからC「妻のみ家庭関与型」としました。4つ目は，夫婦ともに家庭関与をはじめとする全ての領域の関与が低いD「夫婦家庭低関与型」としました。このパターンは，家庭と仕事のどちらかに偏っているのでもなく，家庭や仕事だけでなく余暇や地域活動への関与も平均値を下回っており，4パターンの中では最も想像しがたいパターンではないでしょうか。このパターンは夫と妻ともに家庭関与が特に低いことが特徴です。つまり夫も妻も家族と話したり一緒に過ごすことに消極的な家庭といえます。

第3節　調査結果から見る夫婦の生活状況と問題点

　各ライフステージについて，夫婦の生活状況パターンの割合を図5-4に示しました。妊婦家庭では，A「夫婦家庭中心型」が最も多く52.9％を占めていますが，このA「夫婦家庭中心型」はそれ以降のライフステージでは減少し，B「夫婦全関与型」が乳幼児家庭以降3割前後を占めるようになりま

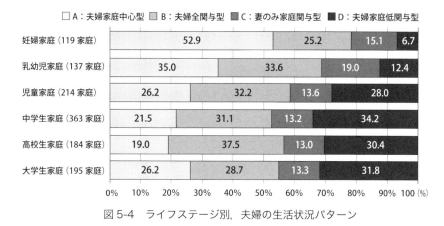

図 5-4　ライフステージ別，夫婦の生活状況パターン

す。児童家庭以降は，D「夫婦家庭低関与型」も増え，中学生家庭では 34.2％と最も多くなります。また，C「妻のみ家庭関与型」は全ライフステージを通して最も少ないこともわかります。

　子どもが幼い乳幼児家庭は子ども中心の生活になり，子育てに多くの時間やエネルギーが注がれます。家庭では子どものことが話題の中心になりますし，休日も子どもと過ごすことが多くなります。この時期は，仕事と家庭のバランスや夫婦お互いがどのように子育てや家事に取り組むのかを模索しながら，自分たちの生活スタイルを確立していきます。また，夫婦二人で生活していた頃に比べると，子どもを連れて地域の施設を利用する機会が増え，子どもが保育園や幼稚園に通い始めると，地域の活動に参加する機会も増えます。

　子どもが小学校に入学し友人との遊びや習い事に忙しくなると，徐々に夫婦の生活状況も変化します。乳幼児家庭に比べて，児童家庭ではA「夫婦家庭中心型」が減少し，D「夫婦家庭低関与型」が2倍以上になります。そして児童家庭，中学生家庭，高校生家庭においては，B「夫婦全関与型」と同程度の3割前後を占めるようになります。先に述べたように，D「夫婦家庭低関与型」は夫婦ともに家庭関与が特に低いことが特徴でした。子どもが

生活面において自分でできることが増え，手がかからなくなるにつれ，家庭に向けられていた時間やエネルギーは減少するのかもしれません。

大学生家庭では，高校生家庭で19.0％まで減少したA「夫婦家庭中心型」が26.2％に増えています。この時期，子どもは生活面でも精神面でも自立し始め，子ども中心に回っていた生活は，再び夫婦中心に戻ります。子どもの"巣立ち"に備えて，自分や配偶者のアイデンティティや夫婦関係を見直すことが課題になります。夫婦で過ごす時間も増えるのではないでしょうか。また，社会人になることが目前となった大学生の子どもと将来について話をする機会が増えることも推測されます。

ここまで見てきたように，ライフステージによって夫婦の生活状況パターンの割合は変化します。その背景には，子どもの成長に伴う生活時間の変化や家族間の関係性の変化があります。その都度変化する生活状況パターンは，夫や妻それぞれや子どもにどのように影響するのでしょうか。次の章から，生活状況パターンと家族成員の関係性やストレスとの関連について検討していきます。

引用・参考文献
〔専業主婦家庭〕

福田佳織・森下葉子・尾形和男　2015　専業主婦家庭の父親のワーク・ライフ・バランスが家族に及ぼす影響―ライフステージごとの変化―　日本発達心理学会第26回大会発表論文集

石村貞夫・加藤千恵子・劉晨・石村友二郎　2015　SPSSでやさしく学ぶアンケート処理（第4版）　東京図書

岩下好美　2010　現代日本の父親とワーク・ライフ・バランスの実態　Global COE Program "Science of Human Development for Restructuring the 'Gap-Widening Society'", 12, 1-10.

久保恭子・倉持清美・岸田泰子・及川裕子・田村毅　2013　幼児をもつ父親のワークライフバランスとその関連要因　東京学芸大学紀要（総合教育科学系Ⅱ），64, 203-209.

内閣府　2007　仕事と生活の調和（ワーク・ライフ・バランス）憲章（http://wwwa.

cao.go.jp/wlb/government/20barrier_html/20html/charter.html）（アクセス日：2014 年 7 月 30 日）

尾形和男　2013　妊婦の夫婦関係と精神的ストレスに関する研究—夫のワーク・ライフ・バランスと妻の就労の視点から—　愛知教育大学研究報告, 62, 89-97.

岡堂哲雄（編）　1999　家族心理学入門　補訂版　培風館

佐藤淑子　2013　育児期家族の生活と心理　鎌倉女子大学紀要, 20, 1-10.

島田恭子・島津明人・川上憲人　2012　未就学児を持つ共働き夫婦におけるワーク・ライフ・バランスと精神的健康—1 年間の縦断データから—　厚生の指標, 59, 10-18.

〔共働き家庭〕

尾形和男　2010　父親のワーク・ライフ・バランスについての一考察—夫婦関係, 家族メンバーの生活, 子どものワーク・ライフ・バランス観との関係—　愛知教育大学研究報告, 59, 99-106.

尾形和男・坂西友秀・福田佳織・森下葉子　2014　夫婦のワーク・ライフ・バランスと家族—ライフステージごとの変化—　日本教育心理学会第 56 回総会発表論文集

尾形和男・坂西友秀・福田佳織・森下葉子　2015　夫婦のワーク・ライフ・バランスと家族—ライフステージと夫婦関係, 家族成員のストレス, 家族機能への影響—　日本教育心理学会第 57 回総会発表論文集

第6章 ライフステージを通した家族形態別の生活状況と夫婦関係

〔専業主婦家庭〕

第1節 各ライフステージにおける夫の生活状況と夫婦関係

(1) 夫および妻から見る夫婦関係

夫・妻それぞれに，配偶者との関係についての質問に回答してもらい，その特徴から「満足感」と「相手への要望」の2つの視点が抽出されました[1]。

(2) 各ライフステージにおける夫の生活状況と夫婦関係

表6-1では夫および妻から見た夫婦関係が，夫の生活状況の4パターンによってどのような差異が見られるか，平均値を比較しました。表6-2は各ライフステージにおける夫婦それぞれの「満足感」「相手への要望」得点の平

---

1) 夫および妻から見る夫婦関係尺度20項目（諸井（1997）と大野・柏木（1992）を参考に作成）について，5～1点（かなり当てはまる～全く当てはまらない）を付与し，夫婦別に主因子法プロマックス回転，2因子固定の因子分析を実施しました。そして，1つの因子にのみ絶対値.40以上の負荷量を基準に項目を選択しました。その結果，第1因子（夫15項目，妻16項目）は夫婦ともに，「妻／夫との関係によって，私は幸福である」，「私と妻／夫の関係は非常に安定している」などの項目の負荷が高く，夫婦関係の満足感を示す内容であることから「満足感」と命名しました。第2因子（夫婦とも4項目）も夫婦ともに，「妻／夫には私の話をよく聞いてほしい」，「妻／夫には家庭や家族のことについてできるだけ関心を持ってほしい」などの項目の負荷が高く，相手に対する要望の高さを示す内容であることから「相手への要望」と命名しました。また，各々2つの因子得点（各項目の得点の合計／項目数）を算出し，分析に用いました。共働き家庭の分析も同じ手順に基づきます。なお，因子分析の結果および信頼性係数（Cronbachのα）については，巻末資料（資料1-2，資料1-3）を参照して下さい。

84　第Ⅱ部　調査結果の紹介

表6-1　各ライフステージにおける生活状況ごとの夫および妻から見た「満足感」、「相手への要望」得点の平均値（標準偏差）

夫の視点　生活状況　ライフステージ	夫							
	満足感				相手への要望			
	Ⅰ	Ⅱ	Ⅲ	Ⅳ	Ⅰ	Ⅱ	Ⅲ	Ⅳ
妊婦家庭	4.40(.49)	4.25(.66)	4.05(.73)	4.11(.70)	3.63(.79)	3.47(1.11)	3.23(.95)	3.65(.74)
乳幼児家庭	4.09(.64)	4.39(.55)	3.98(.63)	4.08(.64)	3.44(.79)	3.52(1.04)	3.16(.85)	3.54(.76)
児童家庭	4.09(.59)	4.20(.60)	3.61(.82)	3.87(.53)	3.59(.67)	3.36(1.37)	3.10(.84)	3.44(.77)
中学生家庭	3.85(.64)	4.27(.45)	3.66(.67)	3.85(.59)	3.45(.70)	3.69(.64)	3.11(.73)	3.16(1.00)
高校生家庭	4.05(.63)	4.40(.71)	3.67(.74)	3.74(.69)	3.28(.85)	2.95(1.36)	3.42(.31)	3.31(.92)
大学生家庭	3.92(.62)	4.04(.43)	3.59(.90)	3.54(1.10)	3.12(.72)	3.39(.72)	2.89(.91)	3.53(.43)

妻の視点　生活状況　ライフステージ	妻							
	満足感				相手への要望			
	Ⅰ	Ⅱ	Ⅲ	Ⅳ	Ⅰ	Ⅱ	Ⅲ	Ⅳ
妊婦家庭	4.25(.48)	4.09(1.03)	3.86(.71)	4.09(.74)	3.98(.61)	4.08(.62)	4.16(.54)	4.29(.55)
乳幼児家庭	4.00(.72)	4.19(.78)	3.98(.64)	3.98(.69)	3.94(.72)	3.91(.72)	4.00(.71)	4.17(.65)
児童家庭	4.04(.67)	4.36(.69)	3.62(.87)	3.59(.64)	3.70(.85)	3.56(.85)	3.68(.87)	3.90(.65)
中学生家庭	3.69(.80)	3.97(.87)	3.59(.82)	3.75(.71)	3.57(.79)	3.84(1.09)	3.51(.71)	3.71(.57)
高校生家庭	3.84(.63)	4.38(.47)	3.18(.90)	3.70(.89)	3.48(.76)	3.15(.82)	3.33(.76)	3.70(.76)
大学生家庭	3.73(.52)	4.09(.66)	3.61(.90)	3.57(.78)	3.42(.70)	3.68(.94)	3.48(.53)	3.75(.64)

表6-2　ライフステージ別夫婦関係平均得点に差の見られたパターン

夫・妻の視点	ライフステージ	妊婦家庭	乳幼児家庭	児童家庭	中学生家庭	高校生家庭	大学生家庭
夫	満足感		Ⅱ＞Ⅲ*	Ⅰ＞Ⅲ*			
	相手への要望						
妻	満足感						
	相手への要望						

*p<.05

第 6 章 ライフステージを通した家族形態別の生活状況と夫婦関係　85

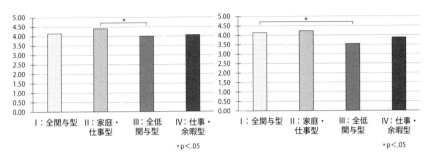

図 6-1　乳幼児家庭のパターン別　　図 6-2　児童家庭のパターン別
　　　　夫の満足感得点の平均値　　　　　　　夫の満足感得点の平均値

（ⅠよりⅡの方が得点が高いですが，Ⅱの家庭数が少ないため，ⅡとⅢの間に有意差は生じていません。）

均値（標準偏差）を示したものです。

　夫および妻から見た夫婦関係が，全ライフステージにおける夫の生活状況の 4 パターンによってどのような差異が見られるかを明らかにするため分析したところ，図 6-1 と図 6-2 に示すような差が見られました[2]。

　これらの結果から，夫婦関係に関して，専業主婦家庭の乳幼児家庭では，Ⅱ「家庭・仕事型」がⅢ「全低関与型」よりも，また児童家庭ではⅠ「全関与型」がⅢ「全低関与型」よりも，夫の満足感が高いことが明らかになりました。また，全ライフステージにおいて，夫の「相手への要望」や妻の「満足度」「相手への要望」には，パターン間の有意な差は見られませんでした[3]。

---

2) 夫および妻から見た夫婦関係が，全ライフステージにおける夫の生活状況の 4 パターンによってどのような差異がみられるかを明らかにするため，多変量分散分析を行いました。その際，まず等質性を検定し，有意差が見られなかった場合は等質と判断しました。多変量検定の結果から有意差が見られた場合は，その後の検定に Scheffe を用いてどのパターン間に差が見られるかを検証しました。また，等質性の検定で有意差が見られた場合は異質と判断し，一変量の分散分析（その後の検定に Scheffe を使用）を行ってパターン間の差を検証しました。共働き家庭も同様の手続きです。
3) 有意な差というのは，確率的に見て差があるかということを示しています。ここでは 95% の確率で差があると結論付けることが出来るということをいいます。以下，同様の表現が出てきますが全て確率的に見て差があることを示しています。

第2節　調査結果から見る夫の生活状況と問題点

　まず，乳幼児家庭において，妻に対する夫の満足感はⅡ「家庭・仕事型」がⅢ「全低関与型」より高いことが示されました。

　様々な研究で，夫の家庭関与の高さと夫婦関係の満足度との関連性が報告されています。例えば，未就学児家庭の父親（夫）を対象にした調査（朴・金・近藤・桐野・尹・中嶋，2011；中嶋・朴・小山・尹，2012）では，夫が家庭関与することで夫自身の家族・家庭への貢献感が高まり，それを通して，夫婦関係の満足感が高まることが示されています。特に，乳幼児を育てることは非常に時間と労力を要しますので，夫の家庭関与は貢献感につながりやすいのでしょう。本研究でも最も家庭関与の高いⅡ「家庭・仕事型」の夫が貢献感を持ちやすいのかもしれません。対して，Ⅲ「全低関与型」は4パターン中，最も家庭関与の低いパターンです。つまり，家族・家庭への貢献感を得られない，ひいては夫婦関係の満足感も得られないという流れになるのでしょう。

　もちろん，妻に対して満足感が高いからこそ家庭関与を高める，満足感が低いからこそ家庭関与が低くなるという方向性も考えられます。

　次に，児童家庭ではⅠ「全関与型」がⅢ「全低関与型」より，妻に対する夫の満足感が高いことが示されました。子どもが小学生になれば，直接的な世話は乳幼児期と比べて減少します。夫の家庭関与は必要とされるけれども，家庭内で必要とされている家事・育児の仕事量はⅡ「家庭・仕事型」よりやや少ないⅠ「全関与型」の方がフィットしたのでしょう。そのため，Ⅰ「全関与型」の夫が貢献感を得やすく，それを通して夫は妻への満足度を高めたと考えられます。

　ところで，これまでの研究では，夫が家庭関与することで妻の夫婦満足度が高まるといった夫から妻への影響が数多く報告されてきました（例えば，

大和，2002）が，今回の調査結果では，妻の夫に対する満足感について，夫の生活状況パターン間で差が見られませんでした。これは妻の意識が関与しているかもしれません。例えば，いくら夫が家庭関与しても，妻が「まだ足りない」と感じていれば，満足感は高まりません。また，家庭関与をさほど希望しない代わりに，仕事への関与を切望する妻にとって，夫の家庭関与の高さは満足感を低めるでしょう。子育ては妻が中心に行うものであると考える妻において，夫の育児関与の高さは妻の育児不安を高めるという報告（越・坪田，1990）も見られます。このように妻の評価や要望と夫の生活状況のマッチングによって満足感が変わるため，パターン間での差が見られなかったのではないでしょうか。

　さらに，夫から妻，妻から夫への要望に関しても，すべてのライフステージでパターン間の差が見られませんでした。通常，相手への要望は，相手に不満があるから要望がある（満足しているから要望がない）と思われがちですが，相手に対して諦めていないから要望がある（諦めているから要望がない）というケースもあります。福田・森下・尾形（2016）では，妻への満足感が高い夫ほど，妻への要望が高いことが示されました。このように，相手に満足して要望がない（相手に不満で要望がある）場合と諦めによって要望がない（諦めないから要望がある）という場合とで相殺され，パターン間の差が見られなかったのではないかと推測されます。

〔共働き家庭〕

第1節　各ライフステージにおける夫婦の生活状況と夫婦関係

(1) 夫および妻から見る夫婦関係

　夫と妻がそれぞれ夫婦関係をどのように感じているかを捉えるために，夫・妻それぞれに，配偶者との関係に関する質問20項目に5段階評価で回

答してもらいました。因子分析にかけた結果,「満足感」「相手への要望」の2つが抽出されました[4]。「満足感」には"妻（夫）との関係によって，私は幸福である"，"私たちの夫婦関係は，強固である"，"夫婦でお互いを思いやっている"等の項目が含まれ，「相手への要望」には"妻（夫）には私の話をよく聞いてほしい"，"妻（夫）には家庭や家族のことについてできるだけ関心をもってほしい"などの項目が含まれています。

(2) 各ライフステージにおける夫婦の生活状況と夫婦関係

　夫婦の生活状況の4パターン間で，夫・妻それぞれが捉える夫婦関係に差異が見られるかを調べるため，「満足感」および「相手への要望」の平均値を比較しました。表6-3は各ライフステージにおける夫・妻それぞれが捉える夫婦関係の平均値（標準偏差）を生活状況パターンごとに示したものです。平均値が高いほど満足感や要望が高いことを示しています。

　夫の夫婦関係満足感の平均値が最も低かったのは，妊婦家庭のD「夫婦家庭低関与型」(3.09)で，最も高かったのは，同じく妊婦家庭のB「夫婦全関与型」(4.37)でした。また，妻への要望については，平均値が最も低かったのは大学生家庭のC「妻のみ家庭関与型」(3.04)で，最も高かったのは，妊婦家庭のB「夫婦全関与型」(3.98)でした。

　一方，妻からみた夫婦関係では，満足感の平均値が最も低かったのは児童家庭のD「夫婦家庭低関与型」(3.01)で，最も高かったのは妊婦家庭のB「夫婦全関与型」(4.37)でした。夫への要望は高校生家庭のD「夫婦家庭低関与型」と大学生家庭のC「妻のみ家庭関与型」の平均値がともに3.34で

---

4) 因子分析は主因子法，プロマックス回転で2因子に固定して行いました。因子負荷量.40以上（絶対値）を基準に項目を選択しました。因子分析の結果及び信頼性係数は巻末資料（資料2-3, 資料2-4）を参照して下さい。「満足感」と「相手への要望」それぞれについて，負荷量の高い項目の得点を合計し，項目数で除した値を「満足感」得点，「相手への要望」得点として分析に用いました。

表 6-3　各ライフステージにおける生活状況ごとの夫および妻から見た「満足感」・「相手への要望」得点の平均値（標準偏差）

夫の視点　ライフステージ　＼　生活状況	夫							
	満足感				相手への要望			
	A	B	C	D	A	B	C	D
妊婦家庭	4.24(.56)	4.37(.51)	3.92(.65)	3.09(.85)	3.77(.78)	3.98(.79)	3.58(.82)	3.56(.59)
乳幼児家庭	4.03(.65)	4.19(.61)	3.91(.61)	3.24(.76)	3.55(.92)	3.46(.69)	3.39(.74)	3.19(.78)
児童家庭	3.95(.67)	3.99(.51)	3.65(.77)	3.29(.67)	3.31(.85)	3.37(.91)	3.05(.49)	3.15(.71)
中学生家庭	4.19(.56)	3.91(.57)	3.64(.79)	3.28(.76)	3.38(.89)	3.34(.74)	2.94(.79)	3.09(.70)
高校生家庭	3.94(.62)	3.82(.71)	3.85(.58)	3.21(.69)	3.37(.76)	3.20(.82)	3.25(.78)	3.14(.62)
大学生家庭	4.19(.58)	4.02(.59)	3.81(.57)	3.53(.67)	3.37(.74)	3.26(.78)	3.04(.77)	3.13(.69)

妻の視点　ライフステージ　＼　生活状況	妻							
	満足感				相手への要望			
	A	B	C	D	A	B	C	D
妊婦家庭	4.29(.48)	4.37(.40)	4.17(.73)	3.52(.67)	4.04(.69)	4.07(.56)	3.89(.65)	4.19(.40)
乳幼児家庭	3.99(.66)	3.99(.77)	3.82(.70)	3.29(.80)	3.91(.67)	4.06(.70)	3.83(.60)	3.79(.68)
児童家庭	3.82(.83)	3.96(.60)	3.46(.86)	3.01(.85)	3.68(.66)	4.01(.67)	3.66(.68)	3.60(.90)
中学生家庭	3.95(.69)	3.79(.66)	3.47(.89)	3.10(.75)	3.82(.68)	3.65(.69)	3.54(.69)	3.41(.70)
高校生家庭	3.78(.96)	3.68(.82)	3.89(.60)	3.02(.71)	3.81(.99)	3.72(.58)	3.65(.65)	3.34(.62)
大学生家庭	4.01(.81)	3.97(.55)	3.93(.76)	3.16(.69)	3.70(.80)	3.37(.86)	3.34(.67)	3.40(.87)

最も低く，妊婦家庭のD「夫婦家庭低関与型」の平均値が4.19で最も高いという結果が得られました。

　夫婦それぞれの夫婦関係満足感や相手への要望の得点は，いずれのライフステージ，生活状況パターンでも3ポイント以上でした。では，各ライフステージで生活状況パターンによって夫婦関係の満足感や相手への要望の平均値に有意な差が見られるでしょうか。それを検討した結果が表6-4です[5]。

5）分析方法は注2）を参照して下さい。

表 6-4　ライフステージ別夫婦関係の平均得点に差の見られたパターン

夫・妻の視点	ライフステージ	妊婦家庭	乳幼児家庭	児童家庭	中学生家庭	高校生家庭	大学生家庭
夫	満足感	A・B>D** C>D*	A・B>D** C>D*	A・B>D**	A・B>D** C>D* A>C** A>B*	A・B・C>D**	A・B>D**
夫	相手への要望				A・B>C*		
妻	満足感	A・B>D** C>D*	A・B>D*	A・B>D** B>C*	A・B>D** A>C**	A・B・C>D**	A・B・C>D**
妻	相手への要望			B>D*	A>D**	A・B>D*	

*p<.05　**p<.01

　また，統計的に有意な差が認められた結果について図6-3から図6-18に示しました。

　夫と妻それぞれから見た夫婦関係について，全ライフステージを通して，A「夫婦家庭中心型」とB「夫婦全関与型」がD「夫婦家庭低関与型」よりも，夫と妻ともにパートナーとの関係に対する満足感が高いことが示されました。また，妊婦家庭の夫と妻，乳幼児家庭の夫，中学生家庭の夫，高校生家庭の夫と妻，大学生家庭の妻において，C「妻のみ家庭中心型」の方がD「夫婦家庭低関与型」よりも満足感が高くなりました。これに加えて，中学生家庭においては，A「夫婦家庭中心型」の夫は，B「夫婦全関与型」やC「妻のみ家庭中心型」の夫よりも満足感が高く，妻においてもA「夫婦家庭中心型」の妻がC「妻のみ家庭中心型」の妻よりも満足感が高いことが示されました。

　一方，相手への要望については，夫では中学生家庭のみ，妻では児童家庭，中学生家庭，高校生家庭で差が認められました。詳細を見てみると，児童家庭では，B「夫婦全関与型」がD「夫婦家庭低関与型」よりも妻から夫への要望が高くなりました。次に中学生家庭を見てみましょう。A「夫婦家庭中心型」やB「夫婦全関与型」の夫は，C「妻のみ家庭中心型」の夫よりも妻

第 6 章　ライフステージを通した家族形態別の生活状況と夫婦関係　91

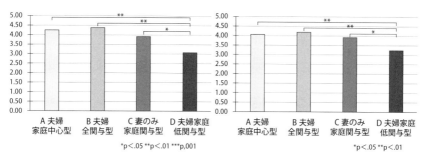

図 6-3　妊婦家庭のパターン別
　　　　夫の満足感得点の平均値

図 6-4　乳幼児家庭のパターン別
　　　　夫の満足感得点の平均値

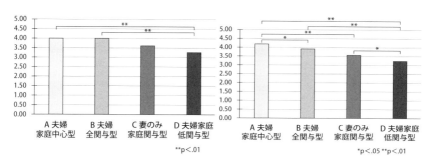

図 6-5　児童家庭のパターン別
　　　　夫の満足感得点の平均値

図 6-6　中学生家庭のパターン別
　　　　夫の満足感得点の平均値

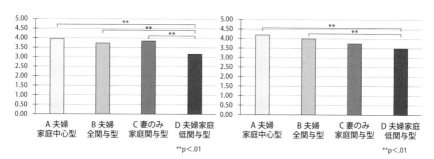

図 6-7　高校生家庭のパターン別
　　　　夫の満足感得点の平均値

図 6-8　大学生家庭のパターン別
　　　　夫の満足感得点の平均値

92 第Ⅱ部 調査結果の紹介

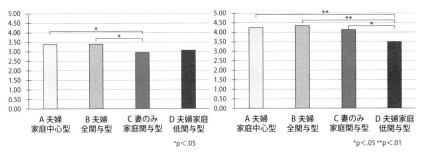

図 6-9 中学生家庭のパターン別
夫の相手への要望得点の平均値

図 6-10 妊婦家庭のパターン別
妻の満足感得点の平均値

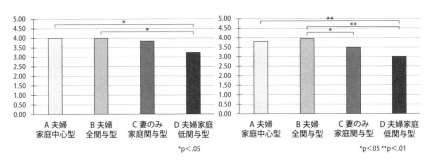

図 6-11 乳幼児家庭のパターン別
妻の満足感得点の平均値

図 6-12 児童家庭のパターン別
妻の満足感得点の平均値

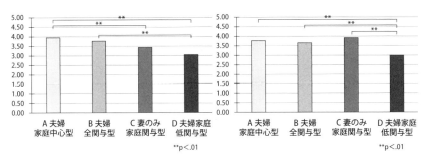

図 6-13 中学生家庭のパターン別
妻の満足感得点の平均値

図 6-14 高校生家庭のパターン別
妻の満足感得点の平均値

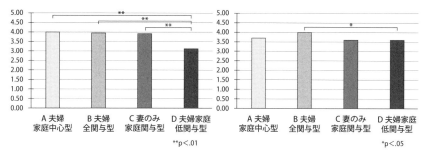

図 6-15　大学生家庭のパターン別妻の満足感得点の平均値

図 6-16　児童家庭のパターン別妻の相手への要望得点の平均値

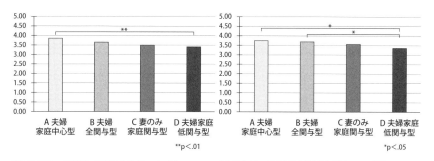

図 6-17　中学生家庭のパターン別妻の相手への要望得点の平均値

図 6-18　高校生家庭のパターン別妻の相手への要望得点の平均値

に対する要望が高く，A「夫婦家庭中心型」の妻は，D「夫婦家庭低関与型」の妻よりも相手への要望が高いことが示されました。高校生家庭においては，妻から夫への要望についてA「夫婦家庭中心型」とB「夫婦全関与型」がD「夫婦家庭低関与型」よりも高くなりました。

第2節　調査結果から見る夫婦の生活状況と問題点

　共働き家庭では，全てのライフステージにおいて，夫と妻それぞれの夫婦関係の満足感と夫婦の生活状況パターンとの関連が見られました。

特に，A「夫婦家庭中心型」とB「夫婦全関与型」の方がD「夫婦家庭低関与型」よりも満足感が高いという結果は，夫婦ともに，どのライフステージでも認められました。A「夫婦家庭中心型」とB「夫婦全関与型」の共通点は，夫婦が家族と過ごす時間や家族との会話を大切にしていることです。それに対して，D「夫婦家庭低関与型」の特徴は，家族と過ごす時間や会話等，家族への志向が低いことでした。

これから子どもを迎える妊婦家庭では，出産の準備や誕生後の生活について夫婦で話し合うことが求められます。また，昨今では待機児童の問題があります。共働き家庭の場合，出産前から保育所等子どもの預け先についての情報収集，また，産後の育児・家事の分担についても夫婦で話し合うこともあるでしょう。そのような時間は夫婦関係自体を良好にしていくと考えられます。また，夫，妻のどちらかが話し合う必要感に迫られた時に，相手が耳を傾ける態度でいてくれることは，相手に対する満足感を高めることに繋がるでしょう。一方，家庭への志向が低い場合については，そもそも夫婦関係が良好でない可能性も考えられますが，子どもが誕生することへの期待感や不安を夫婦で話し合い共有する機会が少なく，それが互いへの満足感を低めることにつながったと考えられます。乳幼児や小学生，中学生がいる家庭では，生活が子ども中心になります。子どもが就学前であれば，毎日の送迎や子どもの発熱時の迎え，登園の準備や朝の支度，帰宅後の食事は誰がするのか等について夫婦で調整する必要があります。子どもの就学以降は，学校の行事や部活動等の子どもの予定と自分たちの仕事の予定を把握しながら家族のスケジュールを考えなければいけません。夫婦で育児や家事を協働しようとすると，その分担を巡って夫婦間で調整，再調整が繰り返され，必然的に話をする時間も増えるでしょう。話し合いながら「一緒に取り組んでいる」という実感を持てることがパートナーとしての互いへの満足感を高めるのではないでしょうか。

では，子どもが家庭を基盤としながらも家庭から離れ自分の世界を広げて

いく高校生家庭や大学生家庭においても結果が認められたのはなぜでしょう。この時期になると，子どもは生活面で自立し，親の手がかからなくなります。一方で，子どもの進学先や就職先について夫婦で話し合ったり，子どもの相談に乗ったり，仕事の状況や退職後の生活について家族で話をする機会も増えます。そうした時に，十分に話し合えることがやはりお互いへの満足感を高めるのではないでしょうか。

　また，相手への要望については，児童期家庭では妻から夫への要望，中学生家庭では妻と夫それぞれから相手への要望，高校生家庭では妻から夫への要望について夫婦の生活状況パターン間で有意差が認められました。児童期家庭では，B「夫婦全関与型」がD「夫婦低関与型」よりも妻から夫への要望が高いことが示されました。また，中学生家庭では，A「夫婦家庭中心型」とB「夫婦全関与型」の方がC「妻のみ家庭関与型」よりも夫から妻への要望が高いこと，B「夫婦全関与型」はD「夫婦低関与型」よりも妻から夫への要望が高いことが示されました。高校生家庭ではA「夫婦家庭中心型」B「夫婦全関与型」がD「夫婦家庭低関与型」よりも妻から夫への要望が高いことが示されました。一方で，最も子育てに時間もエネルギーも求められる乳幼児家庭では，どちらからの要望についても生活状況パターン間で有意差は認められませんでした。夫（妻）から相手への要望の内容を見ると，「家庭に意識を向けて欲しい」や「自分の話を聞いて欲しい」「自分のことを尊重して欲しい」など家庭や自分を省みて欲しいという内容で構成されています。子育てや家事について相手に「もっとこうして欲しい」という要望であれば乳幼児期で有意差が認められたかもしれません。しかし，ここで尋ねている相手への要望は，上述のように相手との関係を維持したいという気持ちの表れでもあります。こうした要望は，子どもの手が離れ，夫婦関係を見直し始める児童期家庭や中学生家庭，高校生家庭だからこそ，夫婦が互いに家庭生活に重きを置いている家庭で高くなったのではないでしょうか。

引用・参考文献
〔専業主婦家庭〕
朴志先・金潔・近藤理恵・桐野匡史・尹靖水・中嶋和夫　2011　未就学児の父親における育児参加と心理的ウェルビーイング　日本保健科学学会誌，13(4), 160-169.

福田佳織・森下葉子・尾形和男　2015　専業主婦家庭の父親のワーク・ライフ・バランスが家族に及ぼす影響―ライフステージごとの変化―　日本発達心理学会第26回大会発表論文集

福田佳織・森下葉子・尾形和男　2016　夫婦の生活形態特性が夫婦関係・家族の状態不安に及ぼす影響―中学生を持つ共働き家庭を対象としたワーク・ライフ・バランスの検討―　応用心理学研究，42(1), 1-11.

越良子・坪田雄二　1990　母親の育児不安と父親の育児協力との関連　広島大学教育学部紀要，39，181-185.

諸井克美　1997　子どもの眼からみた家庭内労働の分担の衡平性―女子青年の場合―　家族心理学研究，11, 69-81.

中嶋和夫・朴志先・小山嘉紀・尹靖水　2012　父親の家事参加が自身の心理的Well-beingに与える影響　評論・社会科学（同志社大学），99, 15-25.

大野祥子・柏木惠子　1992　家庭おける父親（1）―父親の存在感の規定因―　発達研究：発達科学研究教育センター紀要，8, 129-154.

大和礼子　2006　夫の家事・育児参加は妻の夫婦関係満足感を高めるか？：雇用不安定時代における家事・育児分担のゆくえ　西野理子・稲葉昭英・嶋崎尚子（編）2006　第2回家族についての全国調査（NFRJ03）第2次報告書No.1：夫婦世帯，ライフコース　日本家族社会学会全国家族調査委員会

〔共働き家庭〕
尾形和男　2010　父親のワーク・ライフ・バランスについての一考察―夫婦関係，家族メンバーの生活，子どものワーク・ライフ・バランス観との関係―　愛知教育大学研究報告，59, 99-106.

尾形和男・坂西友秀・福田佳織・森下葉子　2014　夫婦のワーク・ライフ・バランスと家族―ライフステージごとの変化―　日本教育心理学会第56回総会発表論文集

尾形和男・坂西友秀・福田佳織・森下葉子　2015　夫婦のワーク・ライフ・バランスと家族―ライフステージと夫婦関係，家族成員のストレス，家族機能への影響―　日本教育心理学会第57回総会発表論文集

第7章 ライフステージを通した家族形態別の生活状況と家族成員のストレス

〔専業主婦家庭〕

第1節 各ライフステージにおける夫の生活状況と家族成員のストレス

(1) 夫・妻・子どものストレス

夫・妻・子ども(妊婦家庭は子どもを除く)のそれぞれに,ストレスについての質問に回答(乳幼児は母親による回答)してもらいました。そして,それぞれが1つの特徴にまとまりました。それらを「ストレス」と命名しました[1]。

(2) 各ライフステージにおける夫の生活状況とストレス

夫・妻・子ども(妊婦家庭は子どもを除く)のストレスが,夫の生活状況の4パターンによってどのような差異が見られるか,平均値を比較しました。表7-1は各ライフステージにおける家族成員それぞれのストレス得点の平均値(標準偏差)を示したものです。

---

1) 夫・妻・子どものストレス尺度10項目(清水・今栄(1981)から選択)について,各5〜1点(かなりあてはまる〜全くあてはまらない)を付与し,主因子法,1因子固定の因子分析を実施しました。そして,1つの因子にのみ絶対値.40以上の負荷量を基準に項目を選択しました。夫・妻・子ども共「私は不安である」,「私はピリピリしている」などのストレスに関する項目に負荷が高いことから,第1因子(10項目)を「ストレス」と命名しました。また,3者それぞれについて,因子得点(各項目の得点の合計/項目数)を算出し,分析に用いました。共働き家庭の分析も同じ手順に基づきます。因子分析結果および信頼性係数(Cronbachの α)については,巻末資料(資料1-4〜資料1-6)を参照して下さい。

表 7-1 各ライフステージにおける夫の生活状況ごとの家族成員のストレス得点の平均値（標準偏差）

家族成員 ライフ ステージ　生活状況	夫				妻				子			
	I	II	III	IV	I	II	III	IV	I	II	III	IV
妊婦家庭	2.29 (.65)	2.58 (.84)	2.16 (.57)	2.51 (.73)	2.44 (.63)	2.28 (.79)	2.86 (.68)	2.69 (.78)	—	—	—	—
乳幼児家庭	2.52 (.62)	2.52 (.82)	2.30 (.59)	2.58 (.68)	2.58 (.77)	2.41 (.77)	2.79 (.73)	2.48 (.73)	1.93 (.54)	2.07 (.71)	2.10 (.59)	1.99 (.66)
児童家庭	2.50 (.65)	2.60 (.48)	2.43 (.58)	2.94 (.59)	2.60 (.75)	2.33 (.65)	2.76 (.66)	2.85 (.45)	2.16 (.59)	2.10 (.61)	2.18 (.63)	2.42 (.63)
中学生家庭	2.50 (.61)	2.43 (.51)	2.21 (.72)	2.89 (.68)	2.57 (.63)	2.48 (.78)	2.68 (.45)	2.99 (.65)	2.37 (.78)	2.48 (1.23)	2.68 (.63)	2.63 (.72)
高校生家庭	2.16 (.64)	2.44 (1.17)	2.58 (.61)	2.74 (.60)	2.61 (.72)	2.32 (.30)	2.43 (.86)	2.39 (.78)	2.90 (.52)	2.55 (.82)	3.42 (.63)	2.83 (.68)
大学生家庭	2.39 (.52)	2.86 (.98)	2.29 (.61)	2.50 (.72)	2.71 (.67)	2.13 (.82)	2.66 (.51)	2.60 (.82)	2.60 (.86)	2.70 (.48)	2.66 (.63)	2.75 (.58)

　また家族成員それぞれのストレスが，夫の生活状況の4パターンによってどのような差異を示すかを明らかにするため，分析したところ，表7-2および図7-1から図7-4に示すようにパターン間の差が見られました[2]。

　これらの結果から，夫のストレスに関して，専業主婦家庭の児童家庭で，I「全関与型」とIII「全低関与型」がIV「仕事・余暇型」より夫のストレスが低いことが示されました。また，中学生家庭で，III「全低関与型」がIV「仕事・余暇型」より夫のストレスが低いこと，I「全関与型」がIV「仕事・余暇型」より妻のストレスが低いことが明らかになりました。さらに，高校

---

[2] 家族成員それぞれのストレスが，夫の生活状況の4パターンによってどのような差異が見られるかを明らかにするため，多変量分散分析を行いました。その際，まず等質性を検定し，有意差が見られなかった場合は等質と判断しましたが，多変量検定の結果から有意差が見られた場合は，その後の検定にScheffeを用いてどのパターン間にどの程度の差が見られるかを検証しました。また，等質性の検定で有意差が見られた場合は異質と判断し，一変量の分散分析（その後の検定にScheffeを使用）を行ってパターン間の差を検証しました。共働き家庭も同様の手続きです。

第7章 ライフステージを通した家族形態別の生活状況と家族成員のストレス　99

表7-2　ライフステージ別家族成員のストレスの平均得点に差の見られたパターン

家族成員＼ライフステージ	妊婦家庭	乳幼児家庭	児童家庭	中学生家庭	高校生家庭	大学生家庭
夫			Ⅳ＞Ⅰ＊ Ⅳ＞Ⅲ＊＊	Ⅳ＞Ⅲ＊＊	Ⅳ＞Ⅰ＊	
妻				Ⅳ＞Ⅰ＊		
子						

＊p＜.05　＊＊p＜.01

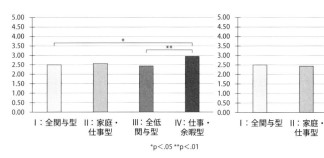

図7-1　児童家庭のパターン別
　　　　夫のストレス得点の平均値

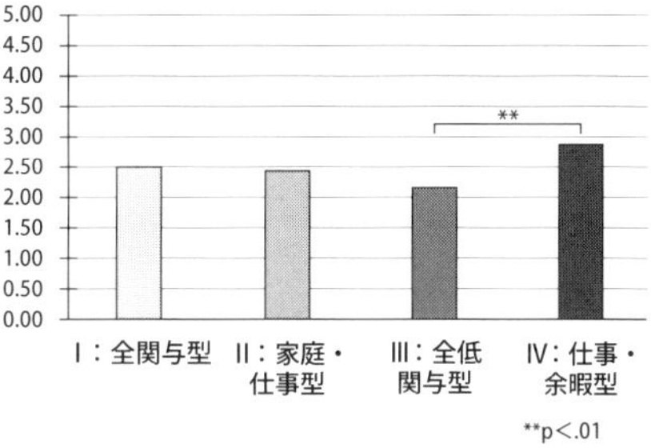

図7-2　中学生家庭のパターン別
　　　　夫のストレス得点の平均値

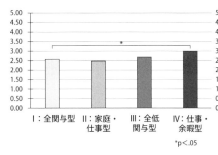

図7-3　中学生家庭のパターン別
　　　　妻のストレス得点の平均値

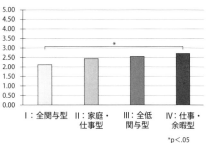

図7-4　高校生家庭のパターン別
　　　　夫のストレス得点の平均値

（ⅠよりⅡの方が得点が低いですが、Ⅱの家庭数が少ないため、ⅡとⅣの間に有意差は生じていません。）

生家庭で，Ⅰ「全関与型」がⅣ「仕事・余暇型」より夫のストレスが低いことが示されました。妊婦家庭，乳幼児家庭，大学生家庭では，どの家族成員においてもパターン間で差が見られず，特に子どもはどのライフステージにおいてもパターン間で差が見られませんでした。

第 2 節　調査結果から見る夫の生活状況と問題点

　まず，児童家庭において，Ⅰ「全関与型」とⅢ「全低関与型」がⅣ「仕事・余暇型」より夫のストレスが低いことが示されました。先の夫婦関係でも述べたように，家庭関与の高いⅠ「全関与型」の夫は家庭に対する高い貢献感を持っています。また，子どもが小学生になると，子ども会などの地域活動が増えます。この活動に多く関与しているⅠ「全関与型」の夫は，地域に対する貢献感も高まることでしょう。その上，適度に余暇活動も行い，仕事への関与もほどほどに高い（のめり込み過ぎていない）ことから，ストレスが低減していると推測されます。Ⅱ「全低関与型」の夫の方は，家庭や地域に関わらなければならないというプレッシャーや仕事に関するプレッシャーも弱いために，ストレスが低いと推測されます。Ⅱ「全低関与型」の夫が家庭・地域への関与が低い背景には，妻からのプレッシャーが弱いことが考えられます。専業主婦の妻は性別役割分業を甘んじて受け入れているケースが多いといわれているためです。また，平成 22 年の厚生労働省調査によれば，30 〜 40 代男性のストレス要因のトップは自身の仕事に関するものとされていますが，Ⅱ「全低関与型」の夫は，その仕事への関与も低いため，仕事へのプレッシャーが弱いと考えられます。それに対し，Ⅳ「仕事・余暇型」は，家庭関与が比較的低いため，家庭への貢献感を得ることはできません。地域活動への関与の低さはそれを上回りますので，そこでの貢献感もないでしょう。つまり，家庭へも地域へも帰属感がないといえます。帰属感がない代わりに，家庭や地域への関与を妻から求められるプレッシャーは無いのかもし

れません。しかし，仕事への関与が比較的高く，仕事関連のストレスを抱えていることがうかがえます。また，東京大学社会科学研究所のワーク・ライフ・バランス推進・研究プロジェクト（2009）によれば，仕事と余暇の最優先を希望する有配偶者男性は2.9％とごく少数であることから，Ⅳ「仕事・余暇型」という生活状況は自らの選択ではない可能性も推測されます。つまり，長時間労働（児童家庭の夫の9割近くが30代，40代という働き盛り）によるやむを得ない家庭や地域への関与の低下，ストレス発散のための選択肢として唯一残された余暇活動への関与という結果であるかもしれません。こうした背景から，Ⅳ「仕事・余暇型」の夫はストレスが高いと考えられます。

次に，中学生家庭では，Ⅲ「全低関与型」がⅣ「仕事・余暇型」より夫のストレスが低いこと，Ⅰ「全関与型」がⅣ「仕事・余暇型」より妻のストレスが低いことが明らかになりました。この調査での中学生家庭の夫は40代が中心になっています。財団法人労務行政研究所の2010年の調査によれば，係長，課長クラスの昇進は40代とされています。つまり，中学生家庭の夫は役職に就き，仕事のストレスが高まりやすい時期といえるでしょう。しかしながら，Ⅲ「全低関与型」の夫は，先述のとおり，他のパターンと比べて仕事への関与が最も低いのが特徴です。つまり，仕事のストレスが高まりにくいと考えられます。それに対し，Ⅳ「仕事・余暇型」の夫は，仕事への関与が2番目に高くなっています。この差が，中学生家庭の夫のストレスにおける生活状況パターン間の差として現れたのではないでしょうか。また，このライフステージでは，妻のストレスにおいても夫の生活状況パターン間で差が見られます。子どもはもう中学生ですから，世話に要する時間は乳幼児，児童と比べてだいぶ短くなります。しかし，中学生といえば高校受験を間近に控え（近年では小学校や中学校の受験も増えていますが，大半の家庭では高校受験が子どもにとって初めての大きな受験となります），家庭内に緊張感の走る時期です。さらに，思春期である中学生は，いわゆる第二反抗期に突入します。妻は子どもの自立をめぐる葛藤に関与する傾向がある（Silverberg & Steinberg,

1987）ことから，扱いの難しくなった子どもに苦慮します。このような時に，夫の家庭関与がある程度高ければ，必要な時に相談することができ，妻のストレスの上昇は免れるでしょう。しかし，夫の家庭関与が低ければ，妻は子どもと二人三脚でこの局面を乗り越えたり，子どもの苛立ちを妻が一人で受け止めなければなりません。この時期は，夫の家庭関与の高さがある程度必要のようです。

　最後に，高校生家庭において，Ⅰ「全関与型」がⅣ「仕事・余暇型」より夫のストレスが低いことが明らかになりました。現代の高校生の過半数が大学に進学します。周知のとおり，大学の入学金，授業料は公立の高校までのそれとは比べ物にならないほど高額になります。専業主婦家庭であれば，その負担は一気に夫にのしかかり，仕事に対する緊張感も増大するでしょう。その上，40〜50代にかけて，夫はさらに昇進していく時期でもあります。このように仕事に関するストレスの高まる時期においては，家庭や地域への関与，余暇活動への勤しみといった，幅広い領域に関わることが，ストレスの低減に寄与するのかもしれません。そのため，Ⅰ「全関与型」はⅣ「仕事・余暇型」より夫のストレスが低くなったと考えられます。

〔共働き家庭〕

第1節　各ライフステージにおける夫婦の生活状況と家族成員のストレス

(1) 夫・妻・子どものストレス

　夫・妻・子どものストレスについて捉えるために，"私は不安である"，"私はイライラしている"，"私は何かしら緊張している"などストレス状態に関する10項目について5段階評価を求めました。夫・妻・子どもごとに，ストレス尺度10項目を因子分析にかけ，1つのまとまりを抽出しました[3]。

夫・妻・子どもそれぞれについて、10項目の得点の合計を項目数で除しストレス得点として分析に用いました。ストレス得点が高いほどストレスが高いことを示しています。

(2) 各ライフステージにおける夫の生活状況とストレス

夫・妻・子どものストレスが夫婦の生活状況パターンによって異なるかを検討しました。なお、妊婦家庭については夫と妻のストレスのみ検討しています。表7-3は、各ライフステージにおける生活状況パターンごとの家族成員のストレス得点の平均値(標準偏差)を示したものです。最も高い得点は、妊婦家庭のD「夫婦家庭低関与型」の夫の3.25ポイントでした。どのライフステージにおいても、生活状況パターンに関わらず、ストレス得点の平均

表7-3 各ライフステージにおける夫婦の生活状況ごとの家族成員のストレス得点の平均値(標準偏差)

家族成員 ライフステージ＼生活状況	夫				妻				子			
	A	B	C	D	A	B	C	D	A	B	C	D
妊婦家庭	2.83 (.67)	2.26 (.72)	2.38 (.48)	3.25 (.53)	2.61 (.80)	2.73 (.41)	2.59 (.83)	2.80 (.67)	—	—	—	—
乳幼児家庭	2.76 (.79)	2.38 (.67)	2.38 (.68)	2.64 (.46)	2.61 (.66)	2.62 (.72)	2.64 (.81)	2.79 (.75)	1.98 (.54)	2.03 (.67)	1.98 (.62)	2.24 (.59)
児童家庭	2.60 (.52)	2.65 (.69)	2.33 (.68)	2.89 (.58)	2.70 (.66)	2.66 (.71)	2.66 (.65)	2.90 (.82)	2.16 (.61)	2.19 (.66)	2.33 (.61)	2.52 (.66)
中学生家庭	2.53 (.69)	2.40 (.63)	2.59 (.63)	2.79 (.80)	2.73 (.68)	2.65 (.58)	2.70 (.61)	2.75 (.55)	2.54 (.59)	2.54 (.69)	2.41 (.72)	2.63 (.69)
高校生家庭	2.66 (.62)	2.34 (.66)	2.26 (.76)	2.76 (.56)	2.65 (.90)	2.51 (.58)	2.40 (.61)	2.82 (.65)	2.85 (.71)	2.70 (.72)	2.74 (.65)	2.85 (.47)
大学生家庭	2.35 (.74)	2.47 (.49)	2.47 (.63)	2.45 (.66)	2.54 (.65)	2.48 (.59)	2.45 (.64)	2.67 (.54)	2.55 (.63)	2.71 (.66)	2.52 (.75)	2.64 (.71)

---

3) 因子分析は、主因子法プロマックス回転を行ないました。因子分析の結果及び各合成変数の信頼性係数(Chronbachのα)は、巻末資料(資料2-5～資料2-7)を参照して下さい。

値は2ポイント台が多く，全体的に低い傾向にあります。

生活状況パターン間でストレス得点の平均値を比較した結果が表7-4です。図7-5から図7-9は，生活状況パターン間で平均値に有意な差が得られた結

表7-4　ライフステージ別家族成員のストレスの平均得点に差の見られたパターン

家族成員＼ライフステージ	妊婦家庭	乳幼児家庭	児童家庭	中学生家庭	高校生家庭	大学生家庭
夫	D>B*		D>C**	D>B**	D>B**	
妻						
子			D>A・B*			

*p<.05　**p<.01

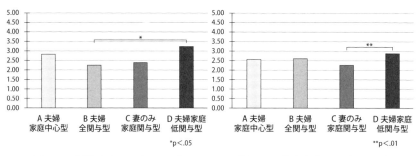

図7-5　妊婦家庭のパターン別
　　　　夫のストレス得点の平均値

図7-6　児童家庭のパターン別
　　　　夫のストレス得点の平均値

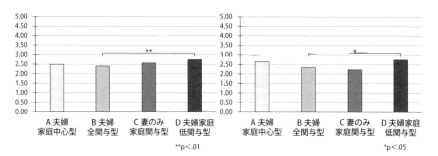

図7-7　中学生家庭のパターン別
　　　　夫のストレス得点の平均値

図7-8　高校生家庭のパターン別
　　　　夫のストレス得点の平均値

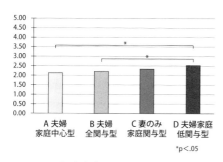

図 7-9　児童家庭のパターン別
子どものストレス得点の平均値

果を図示したものです。

　妊婦家庭では，D「夫婦家庭低関与型」がB「夫婦全関与型」よりも夫のストレスが高くなりました。乳幼児家庭では夫，妻，子どものいずれにも生活状況パターンによる違いは見られませんでした。児童家庭では，D「夫婦家庭低関与型」がC「妻のみ家庭関与型」よりも夫のストレスが高く，子どもにおいてもD「夫婦家庭低関与型」がA「夫婦家庭中心型」やB「夫婦全関与型」よりもストレスが高いことがわかりました。また，中学生家庭と高校生家庭では，D「夫婦家庭低関与型」がB「夫婦全関与型」よりも夫のストレスが高くなりました。大学生家庭では，いずれの家族成員においても生活状況パターン間で差は見られませんでした。

第 2 節　調査結果から見る夫婦の生活状況と問題点

　生活状況パターンによって家族成員それぞれのストレスに差が見られるかをライフステージごとに調べたところ，乳幼児家庭，大学生家庭以外のライフステージにおいて，特に夫のストレスに差が認められました。夫と妻ともに家庭への関与が特に低い場合，妊婦家庭，中学生家庭，高校生家庭では，夫婦ともに全ての領域に積極的に関与している家庭よりも夫のストレスが高く，児童家庭では，妻が家庭中心である家庭よりも夫のストレスが高いことが示されました。

　なぜ，夫妻ともに家庭を中心とした全般への関与が低い場合に夫のストレスが高くなるのでしょう。

前章でも述べたように，D「夫婦家庭低関与型」の特徴は，夫婦ともに家族との会話や家族で過ごす時間を積極的に持つなどの家族への志向が低い点です。新しい家族の誕生を待つ妊婦家庭や受験を控えた子どもを持つ中学生家庭，高校生家庭は生活の面でも家族関係の面でも変化を迎える直前の時期といえます。生活移行期にはストレスを抱えやすくなります。また，本研究の協力者の職種をみると，妻がパートタイム就労の家庭の割合が乳幼児家庭以降多くなります。つまり，稼得責任は夫にあることがうかがえます。家庭でも仕事でも責任が重くなる時期に，D「夫婦家庭低関与型」の夫は，こうしたストレスを妻に話して緩和することや家族との他愛のない話で気分転換をはかることがないのかもしれません。加えて，余暇活動や地域活動への参加も低いため，ストレスを解消することが難しいことがうかがえます。

また，夫婦ともに家庭への志向が低いにも関わらず，夫のみに，こうした結果が認められたことも興味深い点です。前章で，D「夫婦家庭低関与型」の妻は夫に対する要望が他のパターンの妻よりも低いことが示されています。合わせて満足感も低いことから，夫に対して満足しているから要望がないというよりは，夫に対する妻からの期待が低いと考えられます。過度な期待はストレスに繋がりますが，逆に期待されないこともまたストレスに繋がるのではないでしょうか。

あるいは，妻が家族との時間に重きを置かないことが夫のストレスに繋がっているのかもしれません。妻の就業状況と夫婦の性別役割分業意識との関連について調べた佐藤（2012）では，妻の性別役割分業意識は就業形態によって異なる一方で，夫の性別役割分業意識は，妻がフルタイム就労であっても，「夫婦ともに職業を持ち，家事も分担するが，妻のほうが夫よりも家事を担う」への支持が多く，妻がパートタイム就労の夫では「妻が主に家事を担っており，夫が時々助ける」への支持が多いことが示されています。また，有職の男女の家事時間に未だに大きな差があることも明らかにされています（NHK文化研究所，2015；ベネッセ教育総合研究所，2016）。このことから共働き

家庭であっても夫婦間で性別役割分業意識が異なり，妻には家事を担ってほしい，家庭を大切にしてほしいと思う男性（夫）は多いのではないでしょうか。D「夫婦家庭低関与型」の夫もまた，妻にそうした役割を期待しているとしたら，妻の家庭関与が低いことはストレスになるのではないでしょうか。

　子どものストレスについて差が認められたのは児童家庭のみで，D「夫婦家庭低関与型」の子どもはA「夫婦家庭中心型」やB「夫婦全関与型」の子どもよりもストレスが高いという結果でした。両親がともに家庭への関与が低いことは，児童期の子どもにとってストレスになるといえます。さらに，D「夫婦家庭低関与型」の夫婦は夫婦関係に対する満足感が低いことが前章で示されています。小学生ともなると両親の関係性を日常の姿から捉えるようになります。父親と母親のこうした関係性が子どものストレスに繋がっていることがうかがえます。

引用・参考文献
〔専業主婦家庭〕
福田佳織・森下葉子・尾形和男　2015　専業主婦家庭の父親のワーク・ライフ・バランスが家族に及ぼす影響―ライフステージごとの変化―　日本発達心理学会第26回大会発表論文集
厚生労働省　2010　平成22年国民生活基礎調査の概況　http://www.mhlw.go.jp/toukei/saikin/hw/k-tyosa/k-tyosa10/3-3.html（アクセス日：2017年3月21日）
Silverberg, S. B., & Steinberg, L. 1987 Adolescent autonomy, parent-adolescent conflict, and parent well-being. *Journal of Youth and Adolescence*, 16, 293-312.
清水秀美・今栄国晴　1981　STATE-TRAIT ANXIETY INVENTORYの日本語版（大学生用）の作成　教育心理学研究，29, 348-353.
東京大学社会科学研究所（ワーク・ライフ・バランス推進・研究プロジェクト）2009　「働き方とワーク・ライフ・バランスの現状に関する調査」報告書　改訂第3版　http://c-faculty.chuo-u.ac.jp/~WLB/material/pdf/WLB_report_2009.pdf（アクセス日：2017年8月27日）
財団法人　労務行政研究所　2010　役職別昇進年齢の実態と昇進スピード変化の動向　早期登用の広まりなどから昇進スピードの個人差は広がる傾向　https://www.rosei.or.jp/research/25432.pdf（アクセス日：2016年3月21日）

〔共働き家庭〕

ベネッセ教育総合研究所　2016　第5回幼児の生活アンケート

NHK放送文化研究所（世論調査部）　2016　2015年国民生活時間調査報告書

尾形和男　2010　父親のワーク・ライフ・バランスについての一考察―夫婦関係，家族メンバーの生活，子どものワーク・ライフ・バランス観との関係―　愛知教育大学研究報告，59, 99-106.

尾形和男・坂西友秀・福田佳織・森下葉子　2014　夫婦のワーク・ライフ・バランスと家族―ライフステージごとの変化―　日本教育心理学会第56回総会発表論文集

尾形和男・坂西友秀・福田佳織・森下葉子　2015　夫婦のワーク・ライフ・バランスと家族―ライフステージと夫婦関係，家族成員のストレス，家族機能への影響―　日本教育心理学会第57回総会発表論文集

佐藤淑子　2012　父親と母親の職業生活及び家庭生活と家事・育児行動　鎌倉女子大学紀要，19, 25-35.

第8章　ライフステージを通した家族形態別の生活状況と家族機能

〔専業主婦家庭〕

第1節　各ライフステージにおける夫の生活状況と家族機能

(1) 家族機能

　専業主婦家庭の夫に家族機能の4点（結合性，表現性，権威的，民主的）に関する質問に回答してもらいました。「結合性」は，「私の家族では、お互いに助け合ったり元気づけあうことがよくある」，「私の家族は一体感を持っている」，「私の家族は一緒に何かをすることが多い」，「家族はお互いに仲良く暮らしている」，「家族は，家にいるとお互いを避けているように感じる（逆転項目）」の5項目からなります。「表現性」は，「家族のみんなは，思ったことを自由に話す」，「何か問題が起こっても，家族で話し合ってみんなで解決策を見いだす」，「家族でいろいろな問題を話し合い，その結論や解決策にみんなで賛同できるようにする」，「私の家族では，みんなが自分の意見を表現することを大事にしている」，「私たちは，個人の抱えている問題について，お互いに話すことが多い」の5項目からなります。「権威的」は，「私の家族では，親が重要な決定をおこなうことがある」，「私の家族では，規則を破ると厳しく罰する」，「家族のメンバーは，何か悪いことをすると罰せられる」，「私の家族では，規則が多い方である」，「私の家族ではあれこれ命令することはない（逆転項目）」の5項目からなります。「民主的」は，「家族のメンバーは，生活の決まりを共に作ってきた」，「家族のメンバーは，問題解決にあったて，意見を出して解決しようとする」，「私の家族では，何かを決めると

きみんなが一言でも発言できる」,「私の家族では,約束を守らなかった時の対処の方法を一緒に考えてきた」,「私の家族では,大切なことを決定する前に,親が子どもの了解を得るようにしている」の5項目からなります[1]。

(2) 各ライフステージにおける夫の生活状況と家族機能

家族機能が,夫の生活状況の4パターンによってどのような差異が見られるか,平均値を比較しました。下表8-1は各ライフステージにおける各家族機能得点の平均値(標準偏差)を示したものです。

表8-1 各ライフステージにおける夫の生活状況と家族機能得点の平均値(標準偏差)

ライフステージ \ 家族機能・生活状況	結合性				表現性				権威的				民主的			
	Ⅰ	Ⅱ	Ⅲ	Ⅳ	Ⅰ	Ⅱ	Ⅲ	Ⅳ	Ⅰ	Ⅱ	Ⅲ	Ⅳ	Ⅰ	Ⅱ	Ⅲ	Ⅳ
妊婦家庭	4.40 (.48)	4.50 (.54)	4.19 (.66)	4.35 (.61)	4.14 (.53)	4.13 (.68)	4.08 (.64)	4.03 (.59)	2.54 (.74)	2.69 (.84)	2.54 (.76)	2.36 (.76)	3.56 (.63)	3.60 (.82)	3.38 (.61)	3.39 (.63)
乳幼児家庭	4.22 (.55)	4.64 (.37)	4.24 (.58)	4.21 (.63)	3.94 (.63)	4.33 (.53)	3.79 (.74)	3.83 (.70)	2.97 (.79)	2.83 (.88)	2.68 (.65)	2.75 (.71)	3.48 (.58)	3.67 (.80)	3.21 (.65)	3.41 (.56)
児童家庭	4.20 (.55)	4.51 (.40)	4.00 (.68)	3.88 (.75)	3.90 (.63)	4.00 (.62)	3.59 (.72)	3.61 (.79)	3.10 (.58)	2.98 (.46)	2.98 (.63)	2.88 (.66)	3.46 (.60)	3.47 (.77)	2.88 (.65)	3.44 (.58)
中学生家庭	3.83 (.57)	4.28 (.62)	3.70 (.74)	3.99 (.56)	3.49 (.64)	3.85 (.63)	3.37 (.86)	3.74 (.56)	3.06 (.57)	3.33 (.89)	2.89 (.66)	3.08 (.75)	3.18 (.67)	3.40 (.60)	3.13 (.67)	3.59 (.49)
高校生家庭	4.01 (.62)	4.56 (.57)	3.71 (.83)	4.11 (.57)	3.74 (.71)	4.52 (.58)	3.53 (.68)	3.56 (.69)	3.26 (.52)	3.32 (.66)	2.75 (.49)	3.01 (.52)	3.49 (.61)	3.68 (.46)	3.20 (.81)	3.14 (.62)
大学生家庭	3.96 (.56)	4.06 (.68)	3.48 (.79)	3.60 (.78)	3.75 (.55)	3.49 (.93)	3.31 (.72)	3.58 (.67)	2.74 (.57)	2.77 (.56)	2.56 (.62)	2.70 (.49)	3.42 (.48)	3.03 (.77)	3.14 (.64)	3.33 (.59)

各家族機能が,全ライフステージにおける夫の生活状況の4パターンによって,どのような差異がみられるか分析したところ,表8-2に基づいて作成した図8.1~図8.3から次に示すような有意な差が見られました[2]。

---

1) 家族機能の20項目(渡辺(1989)から選択)に,各5~1点(かなりあてはまる~全くあてはまらない)を付与し,4つの下位尺度得点(各項目の得点の合計/項目数)を算出しました。「結合性」,「表現性」,「権威的」,「民主的」の4つの下位尺度の信頼性係数(Cronbachのα)については,専業主婦家庭,.815,.880,.700,.719,共働き家庭,.858,.888,.712,.765という数値が得られました。
2) 各家族機能が,夫の生活状況の4パターンによってどのような差異がみられるかを明らかにするため,多変量分散分析を行いました。その際,まず等質性を検定し,有意

表8-2 ライフステージ別家族機能の平均得点に差の見られたパターン

家族機能＼ライフステージ	妊婦家庭	乳幼児家庭	児童家庭	中学生家庭	高校生家庭	大学生家庭
結合性		Ⅱ＞Ⅰ・Ⅳ** Ⅱ＞Ⅲ*				
表現性		Ⅱ＞Ⅲ** Ⅱ＞Ⅳ*				
権威的						
民主的		Ⅰ・Ⅱ＞Ⅲ*				

*$p<.05$ **$p<.01$

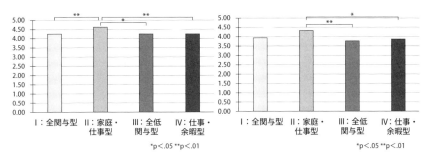

図8-1 乳幼児家庭のパターン別 結合性得点の平均値

図8-2 乳幼児家庭のパターン別 表現性得点の平均値

差が見られなかった場合は等質と判断しました。多変量検定の結果から有意差が見られた場合は，その後の検定にScheffeを用いてパターン間に差が見られるかを検証しました。また，等質性の検定で有意差が見られた場合は異質と判断し，一変量の分散分析（その後の検定にScheffeを使用）を行いパターン間の差を検証しました。共働き家庭も同様の手続きです。

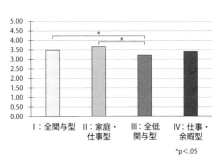

図8-3 乳幼児家庭のパターン別 民主的得点の平均値

これらの結果から，家族機能に関して，専業主婦家庭の乳幼児家庭で，Ⅱ「家庭・仕事型」がⅠ「全関与型」，Ⅲ「全低関与型」，Ⅳ「仕事・余暇型」のすべてのパターンより「結合性」が高いこと，Ⅲ「全低関与型」，Ⅳ「仕事・余暇型」より「表現性」が高いことが示されました。またⅠ「全関与型」とⅡ「家庭・仕事型」がⅢ「全低関与型」より「民主的」であることが示されました。なお，乳幼児家庭以外のライフステージでは，どの家族機能にもパターン間の差が見られませんでした。また，「権威的」については，すべてのライフステージでパターン間に差が見られませんでした。

第2節　調査結果から見る夫の生活状況と問題点

今回の結果から，夫の生活状況パターンは，乳幼児の子どもを持つライフステージにおいて，家族機能に大きな影響をおよぼすことがわかります。

乳幼児家庭は，幼い子どもを育てる上で，親の労力は計り知れません。厚生労働省「21世紀出生児縦断調査」（2002）で，有職の妻より専業主婦の妻の方が，育児に対する負担感が高いことが示されているように，その労力は特に専業主婦に大きくのしかかっているといえます。Ⅱ「家庭・仕事型」の夫は，4パターンの中で最も家庭関与が高いことから，妻の様子を目の当たりにして，適宜助けたり，元気づけたりすることができます。また，Ⅱ「家庭・仕事型」の夫は仕事への関与が高いにも関わらず，ストレスが高くない（第7章）という結果は，家族からのサポートを受けている可能性も考えられます。このように，この時期，夫の家庭関与が高いことは，夫婦間の助け合いを可能にし，「結合性」が高まると考えられます。それに対して，Ⅲ「全低関与型」やⅣ「仕事・余暇型」の夫は，家庭への関与が低いため，妻と一緒に行動することも少なく，この時期，不安を感じやすい妻の状態に気付きにくいといえるでしょう。逆に，妻も夫の変容には気付きにくいといえます。つまり，助けあったり元気づけあったりするような機会は減少し，家族の

「結合性」は低下することになります。

　また，乳幼児家庭は，子どもの誕生により家族システムが大きく変化し，その変化に合わせて家族関係の変容も余儀なくされる時期です。家族関係を適切に変容させるには，家族間の密なコミュニケーションが必要になるでしょう。先述のとおり，Ⅱ「家庭・仕事型」の夫は，4パターンの中で最も家庭関与が高いことから，この変容に適応すべく，家族間の話し合いに余念がない様子が推測できます。こうして，Ⅱ「家庭・仕事型」は表現性が高まると考えられます。一方，Ⅲ「全低関与型」やⅣ「仕事・余暇型」の夫は，家庭への関与が高くありません。家庭内での変化が大きいライフステージにおいて，夫の家庭関与が高くない場合，専業主婦の妻が自ずと家庭を取り仕切るようになるでしょう。そうなると，夫の出る幕は徐々に失われ，「表現性」も低下していくと考えられます。

　ところで，Ⅱ「家庭・仕事型」は，Ⅰ「全関与型」よりも「結合性」や「表現性」が高いという結果が見出されています。乳幼児を持つライフステージにおいて，Ⅰ「全関与型」の夫のように比較的家庭関与が高いという程度では，「結合性」や「表現性」を高める上で，Ⅱ「家庭・仕事型」には敵わないということかもしれません。それだけ，この時期の夫の家庭関与が重要であることがうかがえます。

　さらに，この時期，Ⅲ「全低関与型」はⅠ「全関与型」やⅡ「家庭・仕事型」より民主的でないことがわかります。先述のとおり，夫の家庭関与が低ければ，当然，専業主婦である妻が家庭のルールを作ったり，家庭内の問題を独断で解決することになるでしょう。Ⅳ「仕事・余暇型」の夫も家庭関与は低いものの，Ⅲ「全低関与型」ほど低くないことから，ここでは差が見られなかったのかもしれません。

〈共働き家庭〉

第1節　各ライフステージにおける夫婦の生活状況と家族機能

　夫婦の生活状況パターン間で家族機能に差異が見られるかを検討するため，家族機能の4点（結合性，表現性，権威的，民主的）について，それぞれの下位項目の得点を合計し項目数で除した値を結合性得点，表現性得点，権威的得点，民主的得点として，生活状況パターン間で比較しました。得点が高いほど各特徴が高いことを表します。表8-3にライフステージごとに各生活状況パターンの家族機能の平均値（標準偏差）を示しました。

表8-3　各ライフステージにおける夫婦の生活状況と家族機能得点の平均値(標準偏差)

家族機能　生活状況　ライフステージ	結合性				表現性			
	A	B	C	D	A	B	C	D
妊婦家庭	4.30 (.59)	4.30 (.52)	3.81 (.74)	3.48 (.96)	3.91 (.68)	3.80 (.54)	3.70 (.73)	2.95 (.85)
乳幼児家庭	4.27 (.68)	4.23 (.57)	4.07 (.74)	3.66 (.94)	3.95 (.68)	3.92 (.69)	3.76 (.74)	3.27 (.85)
児童家庭	4.14 (.62)	4.12 (.59)	3.97 (.71)	3.52 (.74)	3.72 (.64)	3.81 (.61)	3.51 (.79)	3.19 (.72)
中学生家庭	4.18 (.59)	4.02 (.57)	3.70 (.67)	3.39 (.78)	3.86 (.73)	3.74 (.65)	3.48 (.70)	3.11 (.73)
高校生家庭	3.81 (.60)	3.94 (.71)	3.85 (.66)	3.28 (.51)	3.44 (.63)	3.62 (.74)	3.55 (.81)	3.12 (.49)
大学生家庭	4.14 (.55)	4.02 (.55)	3.93 (.51)	3.50 (.58)	3.83 (.67)	3.74 (.58)	3.50 (.70)	3.14 (.58)
家族機能　生活状況　ライフステージ	権威的				民主的			
	A	B	C	D	A	B	C	D
妊婦家庭	2.72 (.72)	2.81 (.76)	2.66 (.74)	2.13 (.65)	3.26 (.56)	3.51 (.74)	3.19 (.71)	2.73 (.72)
乳幼児家庭	2.73 (.83)	2.73 (.79)	2.88 (.71)	2.67 (.79)	3.35 (.61)	3.52 (.88)	3.42 (.59)	2.99 (.68)
児童家庭	3.08 (.52)	3.30 (.63)	2.88 (.65)	2.75 (.69)	3.38 (.58)	3.46 (.59)	3.17 (.62)	3.00 (.70)
中学生家庭	3.12 (.77)	3.07 (.56)	2.98 (.51)	2.86 (.67)	3.62 (.70)	3.40 (.57)	3.21 (.58)	2.91 (.67)
高校生家庭	2.95 (.61)	2.84 (.67)	2.95 (.69)	2.87 (.52)	3.16 (.50)	3.33 (.74)	3.32 (.64)	3.01 (.47)
大学生家庭	2.63 (.71)	2.75 (.64)	2.77 (.65)	2.68 (.65)	3.31 (.61)	3.42 (.48)	3.14 (.57)	3.14 (.64)

「結合性」の平均値が最も低いのは，高校生家庭のD「夫婦家庭低関与型」(3.28)で，もっとも高いのは妊婦家庭のA「夫婦家庭中心型」とB「夫婦全関与型」(ともに4.30)でした。「表現性」の平均値は，妊婦家庭のD「夫婦家庭低関与型」が最も低く(2.95)，乳幼児家庭のA「夫婦家庭中心型」が3.95ポイントで最も高くなりました。「権威的」は全体的に2ポイント代が多く，最も高い値でも児童家庭のB「夫婦全関与型」の3.30ポイントにとどまりました。「民主的」については，最も平均値が低いのは妊婦家庭のD「夫婦家庭低関与型」(2.73)で，最も高いのは中学生家庭のA「夫婦家庭中心型」(3.62)でした。

各平均値に生活状況パターン間で有意な差が見られるかについて分析した結果が表8-4です。表8-4に基づいて図8-4～図8-19を作成しました。

妊婦家庭では，A「夫婦家庭中心型」とB「夫婦全関与型」がD「夫婦家庭低関与型」よりも「結合性」，「表現性」が高く，B「夫婦全関与型」はD「夫婦家庭低関与型」よりも「民主的」が高い結果になりました。乳幼児家庭でも，A「夫婦家庭中心型」とB「夫婦全関与型」がD「夫婦家庭低関与

表8-4　ライフステージ別家族機能の平均得点に差の見られたパターン

家族機能＼ライフステージ	妊婦家庭	乳幼児家庭	児童家庭	中学生家庭	高校生家庭	大学生家庭
結合性	A>D** A>C* B>D*	A・B>D*	A・B>D** C>D*	A・B>D** A>C**	A・B・C>D**	A・B>D** C>D*
表現性	A>D** B>D*	A・B>D*	A・B>D**	A・B>D** A>C* C>D*	B>D**	A・B>D**
権威的			A>D* B>C* B>D**			
民主的	B>D*		A>D* B>D*	A・B>D** A>C**	B>D*	

*p<.05　**p<.01

型」よりも「結合性」,「表現性」が高く,B「夫婦全関与型」はD「夫婦家庭低関与型」よりも「民主的」が高くなりました。児童家庭では,A「夫婦家庭中心型」とB「夫婦全関与型」がD「夫婦家庭低関与型」よりも「結合性」,「表現性」,「権威的」,「民主的」が高くなりました。中学生家庭では,A「夫婦家庭中心型」とB「夫婦全関与型」がD「夫婦家庭低関与型」よりも「結合性」,「表現性」,「民主的」が高く,C「妻のみ家庭関与型」はD「夫婦家庭低関与型」よりも「結合性」,「表現性」,「民主的」が高いことがわかります。また,A「夫婦家庭中心型」はD「夫婦家庭低関与型」よりも「権威的」が高くなりました。高校生家庭では,A「夫婦家庭中心型」,B「夫婦全関与型」,C「妻のみ家庭中心型」がD「夫婦家庭低関与型」よりも「結合性」が高く,B「夫婦全関与型」,C「妻のみ家庭関与型」はD「夫婦家庭低関与型」よりも「表現性」が高く,B「夫婦全関与型」はD「夫婦家庭低関与型」よりも「民主的」が高くなりました。大学生家庭でも,A「夫婦家庭中心型」,B「夫婦全関与型」,C「妻のみ家庭中心型」がD「夫婦家庭低関与型」よりも「結合性」が高く,A「夫婦家庭中心型」とB「夫婦全関与型」はD「夫婦家庭低関与型」よりも「表現性」が高く,B「夫婦全関与型」はD「夫婦家庭低関与型」よりも「民主的」が高くなりました。

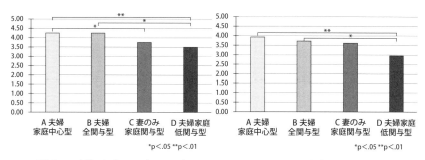

図 8-4　妊婦家庭のパターン別　　　図 8-5　妊婦家庭のパターン別
　　　　結合性得点の平均値　　　　　　　　表現性得点の平均値

第 8 章　ライフステージを通した家族形態別の生活状況と家族機能　117

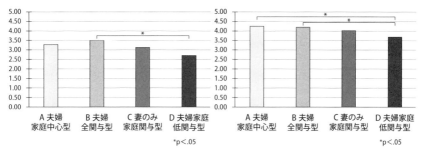

図 8-6　妊婦家庭のパターン別
　　　　民主的得点の平均値

図 8-7　乳幼児家庭のパターン別
　　　　結合性得点の平均値

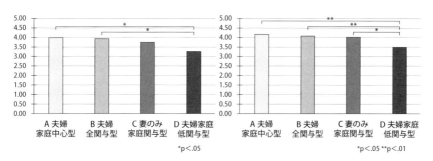

図 8-8　乳幼児家庭のパターン別
　　　　表現性得点の平均値

図 8-9　児童家庭のパターン別
　　　　結合性得点の平均値

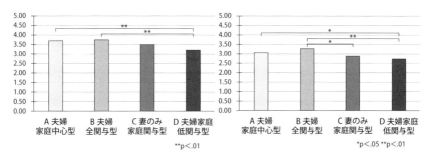

図 8-10　児童家庭のパターン別
　　　　 表現性得点の平均値

図 8-11　児童家庭のパターン別
　　　　 権威的得点の平均値

118 第Ⅱ部 調査結果の紹介

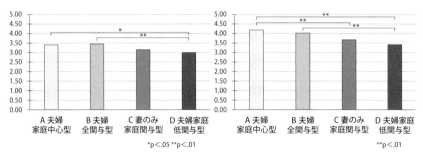

図 8-12 児童家庭のパターン別
民主的得点の平均値

図 8-13 中学生家庭のパターン別
結合性得点の平均値

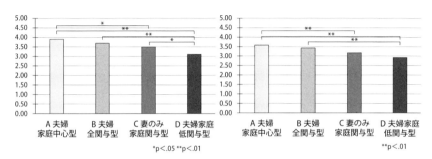

図 8-14 中学生家庭のパターン別
表現性得点の平均値

図 8-15 中学生家庭のパターン別
民主的得点の平均値

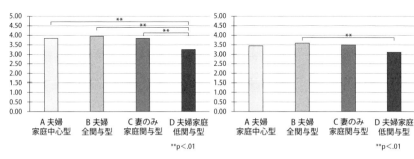

図 8-16 高校生家庭のパターン別
結合性得点の平均値

図 8-17 高校生家庭のパターン別
表現性得点の平均値

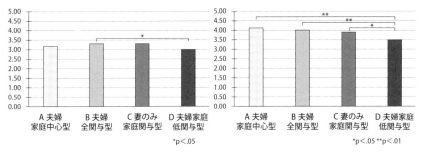

図 8-18　高校生家庭のパターン別民主的得点の平均値

図 8-19　大学生家庭のパターン別結合性得点の平均値

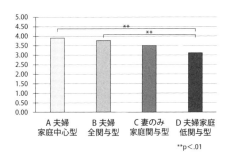

図 8-20　大学生家庭のパターン別表現性得点の平均値

第 2 節　調査結果から見る夫婦の生活状況と問題点

　共働き家庭では，各ライフステージにおける家族機能の特徴に生活状況パターン間で差が認められたものが多くありました。特に，「結合性」と「表現性」についてはどのライフステージでも生活状況パターン間での差が認められました。

　「私の家族では，お互いに助け合ったり元気づけあうことがよくある」や「私の家族は一体感を持っている」といった項目で構成されている「結合性」は，家族成員の絆の強さや仲の良さを表しています。どのライフステージでも A「夫婦家庭中心型」や B「夫婦全関与型」は D「夫婦家庭低関与

型」よりも「結合性」が高いという結果が示されました。また，「家族のみんなは，思ったことを自由に話す」や「何か問題が起こっても，家族で話し合ってみんなで解決策を見いだす」など家族間のコミュニケーションに関する項目で構成されている「表現性」でも，高校生家庭を除いた全てのライフステージで，同様の結果が得られました。高校生家庭では，B「夫婦全関与型」がD「夫婦家庭低関与型」よりも「表現性」が高いという結果が得られました。

第5章で示したように，A「夫婦家庭中心型」やB「夫婦全関与型」の夫婦関係はD「夫婦家庭低関与型」よりも良好なものでした。夫婦が家庭に意識を向け，家族との時間を大切にし，楽しんでいる家庭は，子どもが幼い時期だけでなく，子どもが成長し家族との時間が少なくなる中学生，高校生，大学生になった時期でも家族の絆が強く，家族間のコミュニケーションが円滑であるといえるでしょう。

「権威的」については唯一児童家庭で結果が得られました。A「夫婦家庭中心型」とB「夫婦全関与型」がD「夫婦家庭低関与型」よりも「権威的」得点が高くなりました。また，B「夫婦全関与型」はC「妻のみ家庭中心型」よりも「権威的」得点が高くなりました。「権威的」は「私の家族では，親が重要な決定を行うことがある」や「私の家族では，規則を破ると厳しく罰する」，「家族のメンバーは，何か悪いことをすると罰せられる」などの項目で構成されています。「権威的」であるということは，ここでは家族内で親が権威を持ち，また家族内のルールを守ることに重きを置いていることを表しています。子どもが思春期に差しかかる児童期後期（本研究では小学校高学年の児童に調査をしました）は，子どもの自立性を発揮し世界を広げつつ，家族の一員として所属感や忠誠心も維持できるよう努めることが親にとっての課題になります（岡堂，1978）。家庭内でのルールを明確にし，それを守るよう親が子どもに伝えることは，その課題を乗り越えるための1つと考えられます。

「民主的」については，妊婦家庭，児童家庭，中学生家庭，高校生家庭で生活状況パターン間での差が認められました。具体的にはB「夫婦全関与型」はD「夫婦家庭低関与型」よりも「民主的」が高いことが全てのライフステージで示されました。「民主的」は，家族内のルールを決めたり，家族内の問題を解決する際に，誰か一人が決めるのではなく，全員で話し合うという内容です。

子どもの誕生を控えた妊婦家庭では，その後の生活の変化を見通して，家事の分担や互いの働き方，家計管理などについて家庭内のルールの新設やこれまでのルールの見直しが求められます。B「夫婦全関与型」は妻の仕事領域への関与が他のパターンよりも高いことも特徴です。出産後も家庭と仕事を両立するためにも夫との協働が不可欠であるため夫婦で話し合って決めているのではないでしょうか。妊婦家庭では夫婦でルールについて話し合うことが中心になりますが，児童家庭，中学生家庭，高校生家庭では子どもも話し合いに加わります。B「夫婦全関与型」の家庭では，子どもも話し合いに参加し家族全員が意見を出し合っていることがうかがえます。また，中学生家庭では，A「夫婦家庭中心型」の方がC「妻のみ家庭関与型」やD「夫婦家庭低関与型」よりも「民主的」が高くなりました。子どもが中学生になると，子どもの生活の変化に伴ってルールの見直しが再び求められます。また，高校進学など子どもの進路についても話し合わなければなりません。この時に，A「夫婦家庭中心型」の家庭では親が一方的に決めるのではなく，子どもの意見に耳を傾け尊重していることがうかがえます。最終的な決定は親が行うとしても，家庭内のルールや問題解決のための話し合いに子どもが加わることは子どもの自主性や自立性を育てることにつながります。また，話し合いを通して「結合性」や「表現性」といった他の家族機能も高まるのではないでしょうか。

引用・参考文献
〔専業主婦家庭〕

福田佳織・森下葉子・尾形和男　2015　専業主婦家庭の父親のワーク・ライフ・バランスが家族に及ぼす影響―ライフステージごとの変化―　日本発達心理学会第26回大会発表論文集

厚生労働省　2002　第2回21世紀出生児縦断調査の概況　http://www.mhlw.go.jp/toukei/saikin/hw/syusseiji/02/index.html （アクセス日：2017年10月30日）

渡辺さちや　1989　家族機能と自我同一性地位の関わり―青年期の自我の自立をめぐって―　家族心理学研究，3(2), 85-89.

〔共働き家庭〕

尾形和男・坂西友秀・福田佳織・森下葉子　2014　夫婦のワーク・ライフ・バランスと家族―ライフステージごとの変化―　日本教育心理学会第56回総会発表論文集

尾形和男・坂西友秀・福田佳織・森下葉子　2015　夫婦のワーク・ライフ・バランスと家族―ライフステージと夫婦関係，家族成員のストレス，家族機能への影響―　日本教育心理学会第57回総会発表論文集

岡堂哲雄　1978　家族心理学　有斐閣

第9章　各ライフステージにおける家族形態別の夫婦関係，家族成員のストレス，家族機能の現状から見る望ましいワーク・ライフ・バランス

第1節　専業主婦家庭

　ここまで，専業主婦家庭における夫の生活状況の特徴が夫婦関係，ストレス，家族機能にどのような差異をもたらすか検討してきました。この章では，これらの結果を踏まえ，家族全体にとってより良い影響をもたらす夫の生活状況特性から，各ライフステージに適した夫のワーク・ライフ・バランスのあり方を検討していきます。

　表9-1は，これまでの結果をまとめたものです。Ⅰは「地域を中心とした全関与型（全関与型）」，Ⅱは「家庭・仕事型」，Ⅲは「仕事を中心とした全低関与型（全低関与型）」，Ⅳは「仕事・余暇型」です。この表を概観すると，妊婦家庭と大学生家庭において，夫の生活状況は夫婦関係や家族のストレス，家族機能に何ら影響をおよぼしていないように見えます。両ライフステージは，夫婦の年齢，婚姻関係の歳月，子どもの年齢（子どもの有無）も大きく異なります。それにも関わらず，同様の結果が見出された理由には，以下の点が考えられます。それは，妊婦家庭はお腹の中の子どもと親，大学生家庭は心理的にある程度自立した子どもと親というように，両ライフステージとも，親子間に距離があるという点です。もちろん，妊婦家庭ではお腹の中の子どもへの配慮が必要になったり，大学生家庭では1人暮らしの子どもの心配をしたり，同居していても親とは異なる生活サイクルの子どもを気にかける必要はあります。しかし，特殊な事情がない限り，他のライフステージにいる子どもへの世話や配慮に要する親のエネルギーや時間的拘束の大きさと

表9-1　平均値に差の見られたパターン

夫婦関係・ストレス・家族機能		ライフステージ	妊婦家庭	乳幼児家庭	児童家庭	中学生家庭	高校生家庭	大学生家庭
夫婦関係	夫	満足感		Ⅱ＞Ⅲ*	Ⅰ＞Ⅲ*			
		相手への要望						
	妻	満足感						
		相手への要望						
ストレス		夫			Ⅳ＞Ⅰ* Ⅳ＞Ⅲ**	Ⅳ＞Ⅲ**	Ⅳ＞Ⅰ*	
		妻				Ⅳ＞Ⅰ*		
		子						
家族機能		結合性		Ⅱ＞Ⅰ・Ⅳ** Ⅱ＞Ⅲ*				
		表現性		Ⅱ＞Ⅲ* Ⅱ＞Ⅳ*				
		権威的						
		民主的		Ⅰ・Ⅱ＞Ⅲ*				

*p<.05　**p<.01

比べると，その差は歴然です。これらの時期は夫も妻も子どもという存在から比較的自由で，個々の家庭の事情の方が全面に押し出されるために，夫の生活状況が夫や妻におよぼす特定の影響を見えにくくしたのではないかと考えられます。つまり，今回の調査では，妊婦家庭，大学生家庭それぞれに適した夫のワーク・ライフ・バランスは特定されず，個々の家庭事情が反映されやすい時期という結果になりました。

次に，乳幼児家庭では，夫から見た夫婦関係や家族機能といった家族間の関係性において，夫の生活状況による差が多く見られました。特に，家族機能に関しては，この乳幼児家庭のみ有意な差が示されています。乳幼児を育てるには，膨大な労力を要します。妻一人での育児には限界があり，夫の協

力が必要になります。近年では，少子化の影響で，幼い子どもに接触した経験をほとんど持たずに子育てが始まるという親は少なくありません。初産婦の半数以上が育児経験をほとんど持っていない（原田，2008）ことから，親は子育てに不慣れな状態で子育てしなければなりません。また，乳幼児家庭は家族に新しいメンバーが加わったこと（子どもの誕生）で，家族システムの再構築が必要となります。そのため，特に，夫婦一体となって力を合わせたり（結合性），意見を自由に出し合ったり（表現性），ともに問題解決にあたったり（民主的）することが重要になる時期です。それを可能ならしめるのは，やはり夫のコミュニケーションを基とした家庭関与の高さでしょう。そうした背景があって，夫の家庭関与が最も高いⅡ「家庭・仕事型」の夫の方が，あまり家庭に関与しないⅢ「非関与型」やⅣ「仕事・余暇型」の夫よりも，その家族の機能性が高くなったと考えられます。つまり，乳幼児期は，人生の中で最も夫が家庭にエネルギーを注がなければならない時期であり，このライフステージにおいてワーク・ライフ・バランスの取れた夫の生活特性はⅡ「家庭・仕事型」といえそうです。

　児童家庭において，夫の生活状況は夫自身（夫の妻への満足度・夫のストレス）にしか影響を及ぼさないという結果になりました。児童期は子どもが比較的安定した時期といわれ，専業主婦の妻にとっては乳幼児期よりも夫の手を必要としないで済む時期といえます。とはいえ，子どもが地元の小学校に通えば地域活動に取り組むことも増えるでしょう。Ⅰ「全関与型」のように，家庭や地域に関与することで，夫はそこから帰属感や貢献感を得られると考えられます。働き盛りの夫は仕事でストレスを高めることがあっても，こうした仕事以外の活動によってストレス解消を可能にします。また，夫の家庭・地域関与に対し，妻から伝えられる感謝（妻の夫への満足感は有意に高くないので，表面的な感謝かもしれませんが）が，夫の妻への満足度の高さに反映しているとも考えられます。つまり，児童家庭においてはⅠ「全関与型」が夫のライフ・ワーク・バランスの取れた状態といえるでしょう。

中学生家庭の夫は，年齢的に仕事からのストレスを生じやすい時期です。それにもかかわらず，最も仕事への関与が高い生活状況にあるⅡ「家庭・仕事型」の夫は，他のパターンより有意にストレスが高くはなりませんでした。しかしながら，二番目に仕事への関与が高いⅣ「仕事・余暇型」の夫のストレスはⅢ「全低関与型」の夫より有意に高いという結果が得られました。これは，仕事のストレスは家庭で解消されるけれども，余暇では解消されないとことを意味しているのかもしれません。一方，妻は子どもに関するライフイベント（第二反抗期や高校受験など）からのストレスを受けやすい時期です。このような時期，誰かに相談に乗ってもらうという精神的サポートが妻には必要になります（例えば，大久保・市来・堂上・井村，2012）。乳幼児期のように，夫が家事や育児を手伝うという大々的な関与が必要な時期もありますが，中学生家庭ではⅠ「全関与型」の夫の家庭関与程度で妻のストレスは低減すると考えられます。つまり，中学生家庭におけるワーク・ライフ・バランスの取れた夫の生活状況はⅠ「全関与型」といえるでしょう。ところで，乳幼児家庭・児童家庭では，家族にとって良好な影響をもたらしてこなかったⅢ「全低関与型」の夫ですが，中学生家庭ではストレスが最も低いという結果になりました。しかも，このパターンは家族に何らかの悪影響を及ぼしている証拠も示されませんでした。したがって，中学生家庭に限れば，Ⅲ「全低関与型」もワーク・ライフ・バランスの取れた状態といえるのかもしれません。

　高校生家庭において，夫の生活状況は夫自身のストレスにのみ関係しました。子どもの成長とともに，夫の生活状況自体は家族に与える影響力が小さくなっている様子がうかがえます。とはいえ，高校生が大学に進学すれば，それ相応の費用が必要となります。専業主婦家庭において，その負担は夫の就業にかかってきます。しかし，高校生家庭の夫の年代は，仕事への意欲が低下する時期で，その大きな理由には賃金の低さや評価の不満があげられています（労働政策研究・研修機構，2008）。年齢的にも転職することは難しく，

子どもの学費のためにも，こうした不満のある中で夫は就業継続の選択を余儀なくされます。この時期は，夫の仕事へのストレスが最も高まる時期であり，その解消が大きな課題といえそうです。そのような中，最もストレスの低い生活状況はⅠ「全関与型」となっており，それはⅣ「仕事・余暇型」より有意にストレスが低いことが示されました。つまり，この時期の夫のストレスは，余暇だけでは解消されず，様々な領域に関与することで解消されるといえるでしょう。したがって，高校生家庭におけるワーク・ライフ・バランスの取れた夫の生活状況はⅠ「全関与型」となります。

　ここまで，専業主婦家庭のライフステージごとに，夫のどのような生活状況が家族成員にとってワーク・ライフ・バランスの取れた状態なのかを検討してきました。内閣府（2007）の「ワーク・ライフ・バランス憲章」では，様々な領域への関与が人間にとってプラスに働くと提唱していましたが，子どもの成長に伴い，ワーク・ライフ・バランスの取れた生活状況は異なっていることが明らかになりました。つまり，いつなんどきでも，あらゆる領域に満遍なく関与することが善しというわけではないのです。時には家庭に力を注ぎ，ある時は満遍なく関与し，あるいは，何事にも深く関与しなくとも問題ない時期もあるというように。子どもの成長に伴って家族の生活状況は変化するのですから，唯一絶対のワーク・ライフ・バランスが存在するはずがありません。家族の様相や自身の状況を踏まえて，柔軟に生活状況を変化できることが，真のワーク・ライフ・バランスの取れた人生を歩んでいるといえるのではないでしょうか。

第2節　共働き家庭

　共働き家庭では各ライフステージにおいて，夫婦の生活状況パターン間による差が，夫婦関係，家族成員のストレス，家族機能についても認められま

表 9-2 平均値に差の見られたパターン

夫婦関係・ストレス・家族機能			妊婦家庭	乳幼児家庭	児童家庭	中学生家庭	高校生家庭	大学生家庭
夫婦関係	夫	満足感	A・B>D** C>D*	A・B>D** C>D*	A・B> D**	A・B>D** C>D** A>C** A>B*	A・B・ C>D**	A・B> D**
		相手への要望				A>C* B>C*		
	妻	満足感	A・B>D** C>D*	A・B>D*	A・B>D** B>C*	A・B>D** A>C**	A・B・ C>D**	A・B・ C>D**
		相手への要望			B>D*	A>D**	A・B>D*	
ストレス	夫		D>B*		D>C**	D>B*	D>B**	
	妻							
	子				D>A・B*			
家族機能	結合性		A>D** A>C* B>D*	A・B>D*	A・B>D** C>D*	A・B>D** A>C**	A・B・ C>D**	A・B>D** C>D*
	表現性		A>D** B>D*	A・B>D*	A・B>D**	A・B>D** A>C* C>D*	B>D*	A・B>D**
	権威的				A>D* B>C* B>D**			
	民主的		B>D*		A>D* B>D**	A・B>D** A>C**	B>D*	

*p<.05 **p<.01 ***p<.001

した。共働き家庭において，家族成員にとって良い影響を与える生活状況パターンとはどのような特徴を持っているのでしょうか。本節ではこれまでの結果を表9-2にまとめてありますので，これに基づいてライフステージごとに夫婦の生活状況パターンの特徴について考察します。

妊婦家庭では，夫と妻それぞれの夫婦関係に対する満足感，夫のストレス，

家族機能の「結合性」,「表現性」,「民主的」で夫婦の生活状況パターン間で差が認められました。子どもの誕生による家族関係や生活の変化に適応するために夫婦で備えなければなりません。そのためには夫婦間でコミュニケーションを十分に取ることが求められます。妊娠期に出産や育児の準備を十分の行えたという満足感は育児不安やストレスを緩和します（荻原・名取・平田, 2017）。互いに意見を出し合ったり，子どもの誕生や生活の変化に対する期待や不安感を話し合い共有することは，夫婦の絆をより強くするでしょう。そして「自分の気持ちを聞いてくれた」,「考えていることを伝えてくれた」と実感することは夫婦関係そのものへの満足感も高めるのではないでしょうか。また，出産を控えた妻を持つ夫は，子どもの誕生を楽しみにする一方で，経済面での過重負担や子どもに対して苛立つことがありそう，精神的に休まらなさそうなど負のイメージも持っていると言われています（中山・福丸・小泉・無藤, 2004）。夫婦が家庭のことへ意識を向け，地域とのつながりがあり，妻の仕事への関与が高い B「夫婦全関与型」は，そうした夫の負のイメージから生じるストレスを軽減するのではないでしょうか。これらのことから，家族生活の変化が大きいこの時期には，B「夫婦全関与型」が夫にとっても妻にとっても仕事と家庭のバランスが取れた状態といえるでしょう。

　乳幼児家庭では，前述したように家事や子育てに最も時間やエネルギーが費やされる時期です。育児の分担をめぐって夫婦で協同することが求められますし，子どもの発熱や仕事の状況に応じてその都度，夫婦間での調整が迫られます。この時期の妻のストレスや育児不安，夫婦関係に対する満足感には，夫が日頃からいかに育児に関与しているか，またそれに対して妻がどのように評価するかが影響します（倉持・田村・久保・及川, 2007；大関・大井・佐藤, 2014）。このように，これまでの研究で乳幼児がいる家庭において夫の育児関与は妻のストレスの要因となることが明らかにされてきたことから，本研究においても，夫婦の生活状況パターンによって妻のストレスに何らかの影響があることが予測されました。しかし，ストレスに関して差は認めら

れませんでした。夫の育児や家事の遂行状況について妻の認識を尋ねるなど，より詳細な調査が今後期待されます。ここでも，やはりA「夫婦家庭中心型」のように夫婦が家庭生活に重きを置いたり，B「夫婦全関与型」のように家庭だけでなく仕事や余暇，地域活動にも積極的に関わるようなバランスが望ましいようです。

　児童家庭では，夫から妻への要望，妻のストレスを除き子どものストレスを含めた全ての項目で生活状況パターン間の差が認められました。子どもの成長に伴い，親子関係が変化し始めるこの時期は，家族成員それぞれが，自分の役割や家族内の関係性やルールを見直し，そうした変化に柔軟に対応しなければなりません。夫婦関係が良好で家族間のコミュニケーションが取れているA「夫婦家庭中心型」やB「夫婦全関与型」は，家族関係の変化や生活の変化に柔軟に対応できるといえます。

　また，児童家庭の夫や妻は30〜40代が9割を占めていました。仕事では重要な案件を任されたり，後輩の指導にあたるなど責任が増す時期でもあります。仕事上でやりがいを感じる一方でストレスも抱えやすくなります。また，仕事と家庭の両立がうまくいかず葛藤を抱えることもあるでしょう。仕事上のストレスや役割間葛藤は精神的健康を脅かしかねません。このような状況が子どものストレスを始めとして多くの影響をもたらしていると思われます。本調査では，夫のストレスについてC「妻のみ家庭関与型」がD「夫婦家庭低関与型」よりもストレスが低いという結果が得られました。C「妻のみ家庭関与型」は夫婦間でのワーク・ライフ・バランスがアンバランスな状態ですが，どちらか一方が仕事に専心する必要がある，あるいはそうしなければならない時期には，もう一方が家庭生活での役割を中心に担うことで，相手のストレスを軽減することができるのかもしれません。

　中学生家庭では，妻と子どものストレス，家族機能の「権威的」以外の項目で生活状況パターン間での差が認められました。特に，A「夫婦家庭中心型」は，夫婦関係満足感，相手への要望，家族機能についていずれも，他の

パターンよりも平均値が高いことが示されました。子どもが中学生になると，育児の面では益々手がかからなくなる反面，高校進学や就職など子どもの進路選択という課題が生じます。子どもの意思を尊重しつつ，親子で今後について相談しなければなりません。思春期を迎えた子どもが自分の進路について相談しやすい親子関係や家庭の雰囲気が望まれます。また，夫婦で子どもの進路についても話し合い，共に子どもの受験や就職活動を支えることで，夫婦関係への満足感も高まるのではないでしょうか。この点からA「夫婦家庭中心型」はこの時期のワーク・ライフ・バランスとして望ましい形といえます。

　高校生家庭では，夫婦それぞれの夫婦関係についての認識，夫のストレス，家族機能について生活状況パターン間で差が見られました。高校生になると部活動やアルバイトなど家庭外での活動に多くの時間を費やすようになり，家族と過ごす時間は減少します。また，高校卒業後の進路決定も高校生にとっては重要な課題です。一方，親は子どもの自立を見守りつつ，子どもが巣立った後の自分たちの生活について模索する時期です。これに加え，体力の衰えや身体の変化も始まります。生涯発達の過程において，人はアイデンティティの危機と再確立を繰り返し，中年前期は自立に向かう子どもや配偶者との関係性の変化や自身の心身の変化によって，アイデンティティが危機にさらされてしまいます（岡本，2002）。その時，B「夫婦全関与型」のように，家庭や仕事だけでなく，趣味や地域活動への参加など生活範囲が広いことは，家族や夫婦関係にも良い影響をもたらすといえそうです。

　大学生家庭では，夫婦関係満足感と家族機能の「結合性」，「表現性」で生活状況パターン間に差が認められました。これまでのライフステージと同様，A「夫婦家庭中心型」とB「夫婦全関与型」とD「夫婦家庭低関与型」との間だけでなく，妻の夫婦関係満足感と「結合性」ではC「妻のみ家庭関与型」とD「夫婦家庭低関与型」にも差があることが示されました。末子が大学生の場合，子どもの巣立ちの時期がいよいよ目前となります。これから社

会に出ようとする子どもや既に社会人となった子どもと仕事の話をする機会も増えるでしょう。また一方で自身の仕事は終盤に差しかかり，退職後の生活をどのように送るかを考え始めます。また，親の介護が始まる場合もあるでしょう。2つの世代に挟まれて，子どもの姿や親の姿を通して自身のこれまでを振り返ったり，これからを展望したりします。このような時期も，夫婦が仕事だけでなく家庭生活にも意識を向け，家族との交流を積極的に行なうような生活状況が夫婦関係を良好にし，家族の絆を強くするようです。

　ここまで，調査結果を踏まえ，ライフステージごとにどのような生活状況パターンが，家族にとって良い状況，すなわちワーク・ライフ・バランスが取れているといえるのかについて見てきました。共働き家庭では，全てのライフステージにおいて夫婦の生活状況パターンによる違いが見られました。特に，夫婦関係への満足感や家族機能については，ライフステージに関わらず，夫婦がともに家庭への関与が高い場合に良い影響をもたらすことが示されました。仕事と家庭，趣味など生活のさまざまな領域のバランスは常に均一ではありません。仕事については時期や内容，あるいは立場によって時間やエネルギーの大部分を注がねばならないことがあります。また，家庭生活については，子どもや配偶者あるいは親の状況に左右されます。それらの状況に応じて，ワーク・ライフ・バランスはどちらかに偏ります。共働きの場合，相手の仕事の状況の影響も受けます。また，妻や夫それぞれが感じている役割間葛藤について個人の問題として扱うのではなく，夫婦一体となって対処していくことの重要性が示唆されています（加藤，2002）。そのためには普段からコミュニケーションをとり，互いの状況を理解する，また思いやる態度が夫にも妻にも欠かせないのかもしれません。共働き家庭において，どのライフステージでもA「夫婦家庭中心型」やB「夫婦全関与型」のように夫も妻も家庭への関与が高い状況が家族にとって良い影響をもたらすことが示されました。それは，その都度起こりうるさまざまな状況を乗り越えることができるからではないでしょうか。また，夫婦関係への満足感や家族の絆

が強まることは,さらに家庭や家族との関わりを促すことにつながります。本研究ではライフステージごとに回答を限定しているため推測の域を出ませんが,そうした良い循環が,次のライフステージに移行時に直面するさまざまな課題に対応できる素地となるのではないでしょうか。

引用・参考文献
〔専業主婦家庭〕

福田佳織・森下葉子・尾形和男 2015 専業主婦家庭の父親のワーク・ライフ・バランスが家族に及ぼす影響―ライフステージごとの変化― 日本発達心理学会第26回大会発表論文集

原田正文 2008 子育ての過去・現在・未来 そだちの科学, 10, 33-37.

内閣府 2007 仕事と生活の調和(ワーク・ライフ・バランス)憲章 http://wwwa.cao.go.jp/wlb/government/20barrier_html/20html/charter.html(アクセス日:2014年7月30日)

大久保千惠・市来百合子・堂上禎子・井村健 2012 思春期の親が必要とする支援の探索的研究 教育実践開発研究センター研究紀要, 21, 189-192.

〔共働き家庭〕

加藤容子 2002 共働き女性のワーク・ファミリー・コンフリクトへの対処―夫婦の関係性の観点から― 経営行動科学, 16, 75-87.

倉持清美・田村毅・久保恭子・及川裕子 2007 子どもの発達的変化にともなう夫婦の意識の変容 日本家政学会誌, 58, 389-396.

中山美由紀・福丸由佳・小泉智恵・無藤隆 2004 ライフスタイルと家族の健康の縦断調査―妊娠中の状況― お茶の水女子大学子ども発達教育研究センター紀要, 2, 1-7.

尾形和男・坂西友秀・福田佳織・森下葉子 2014 夫婦のワーク・ライフ・バランスと家族―ライフステージごとの変化― 日本教育心理学会第56回総会発表論文集

尾形和男・坂西友秀・福田佳織・森下葉子 2015 夫婦のワーク・ライフ・バランスと家族―ライフステージと夫婦関係,家族成員のストレス,家族機能への影響― 日本教育心理学会第57回総会発表論文集

荻原結花・名取初美・平田良江 2017 妊娠期における育児準備が育児ストレス・育児不安に与える影響 山梨県立大学看護学部研究ジャーナル, 3, 37-44.

岡本裕子 2002 アイデンティティ生涯発達論の射程 ミネルヴァ書房

大関信子・大井けい子・佐藤愛　2014　乳幼児を持つ母親と父親のメンタルヘルス―夫婦愛着と自尊感情との関連―　女性心身医学, 19, 189-196.

労働政策研究・研修機構　2008　従業員の意識と人材マネジメントの課題に関する調査（従業員調査）　http://www.mhlw.go.jp/wp/hakusyo/roudou/08/dl/02_0003.pdf（アクセス日：2017 年 5 月 17 日）

第Ⅲ部
これからのワーク・ライフ・バランス

第10章　これからのワーク・ライフ・バランスに向けて

　第Ⅱ部第5章～第9章において調査結果を紹介しましたが，専業主婦家庭・共働き家庭それぞれの生活状況と家族へ及ぼす影響について幾つか示唆に富むことが示されていました。専業主婦家庭では主に夫の仕事と家庭への関わりを軸にして，家族への影響力を見ましたが，概して夫が仕事と家庭の両方に関わっている場合や，家庭・仕事・余暇時間・地域全てに関わっている場合の方が，夫婦関係についての満足度が高く，夫婦のストレスも低いことが示されています。同様に共働き家庭でも夫婦が揃って家庭関与を中心として生活する場合に家庭に良い影響をもたらすことが示されています。つまり，仕事へ傾倒した家庭生活は家庭にマイナスの影響をもたらすことはあっても，プラスの影響をもたらすことは少ないということが示されています。

　家庭生活を中心として仕事や余暇活動，地域への関わりなどに生き生きと関わることが重要なことのようです。ワーク・ライフ・バランスとはいってもつまるところ，家庭生活が重要ということがわかります。

　この章では，このようなことも踏まえてさらにこれからの我々の生活が変化し続けている現状から，どのようなワーク・ライフ・バランスが必要となるのか考えてみたいと思います。

第1節　時代の変化に応じた対応

　第1章で指摘したように，現代社会の生活の在り方は多岐に渡りますが，このような状況の中で今問題とされていることを指摘し，今後のワーク・ライフ・バランスの問題点について触れることにします。

現代社会は少子高齢化といわれるように，年齢の2極化が進行していますが，少子化問題に関連したワーク・ライフ・バランスの在り方については既に指摘したとおりです。しかし，高齢化に関しては今までの考え方で捉えられていたワーク・ライフ・バランスの考え方に時代の変化に伴い，さらに今まで考えられていなかった新たな意味合いが含まれるようになっているのも事実です。

　従来ワーク・ライフ・バランスという考え方はどちらかといえば子育て期の問題に焦点を当てることが多く，しかもそのことはかなり現実的な視点として捉えられていたようです。しかしながら，子育て期の問題は男性の，特に夫としての在り方を含めて，子育てという行為に一人の親として当然のこと関わるべきであるとする方向に進んでいます。またそれに伴って，妊娠・出産に直面している女性への職場での対応の在り方，子育てのための整備などが進められて来ているのが現状です。

　その一方で，高齢化に伴って新たな現象と問題が生じています。その1つは，平均寿命が年々伸びるにつれて高齢者が増え，介護や看護をする必要性が生じていることです。介護や看護の必要性はライフステージの最終段階において生じる課題であり，この時期老夫婦のいずれかが亡くなり一人での生活を余儀なくされる場合もあります。しかし，子ども夫婦にとっては介護あるいは看護という福祉や医療に関連する関わりが求められ，それが仕事や家庭生活に大きな影響をもたらすこととなるのです。その際に特に問題視されるのは，介護や看護に携わるために仕事を辞めるという，いわゆる「介護離職」という結果に結びつくことです。

　介護と仕事の両面に関わる場合，精神的・肉体的な疲労などが重なりやすいことは想像に難くありません。自分の親の面倒を見つつ仕事にも従事するのは人並み外れた精神力と体力を要し，そのために職場を退職という形で離れる人が多いのです。

　平成14年〜平成25年にかけて，介護や看病のために仕事を辞めた人の数

第10章 これからのワーク・ライフ・バランスに向けて　139

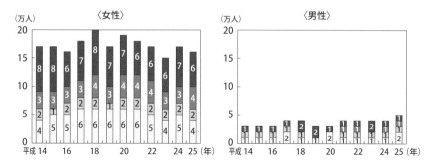

図10-1　介護・看護が理由による離職者数の推移（男女別　平成14年〜25年）
（出典）内閣府男女共同参画局 2014　男女共同参画白書 平成25年版

を図10-1に示しました。圧倒的に女性が多く男性は少ないのですが，それでも年々男性の数も増加していることがわかります。老年期を迎える頃，自分の両親の身体的衰退によって介護と看護に関わる人が多くなっているという新たな課題が出現しているのです。国は現在「介護離職ゼロ」を目標に取り組みを始めていますが，老後の時期に生じる介護・看護と自分の生活の在り方をどのように調整したらよいのかといった，新たなワーク・ライフ・バランスが模索されているのです。

　しかし，現在自分の親を中心とする介護とはいっても，介護形態が全て一律に全介護ではなく身体の状況に応じた介護が行われているのが現状です。例えば，デイサービスを利用している家族もあり，このような場合には介護者は一日中家にいるのではなく，高齢者が老人ホームなどで介護を受ける時間帯はそれを利用して仕事をすることも可能であり，少しずつ介護状況に応じて自分の可能な時間を利用して仕事を進める人も現れています。勿論勤務先の理解と協力が不可欠であることは確かですが，このようなことが実際に進行することによって，介護疲れによる心身の疲労やストレスが減少し，介護に従事しながら仕事を継続でき，生活のための家計の援助と同時に自己の

140　第Ⅲ部　これからのワーク・ライフ・バランス

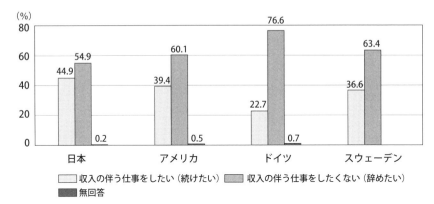

図 10-2　老後の就労意欲

（出典）内閣府 2015「高齢者の生活と意識に関する国際比較調査」

生き甲斐にも繋がることとなり，介護にも弾みがつくことが期待されています。現在，テレワークというインターネットなどを使用して時間や場所の制約を受けずに，柔軟に働く形態の仕事の仕方も導入され，介護，子育てと仕事の両立のための手段も利用され始めています。

　次に指摘できるのは，老後に仕事を望む人が多くなっているということです。図10-2に示すように，日本，アメリカ，ドイツ，スウェーデン各国の老後の就労意識についての調査結果から，収入を伴う就労を希望するのは日本44.9%，アメリカ39.4%，ドイツ22.7%，スウェーデン36.6%となっており日本は高い比率を示しています。この結果は各国の政治的・文化的背景なども影響しているものと考えられるのですが，それでも日本人の老後の就労意欲は高く，老後の労働生活と共にワーク・ライフ・バランスの問題は継続していきます。一方，内閣府（2010）の「高齢者の生活と意識に関する国際比較調査」では，望ましい退職年齢については，日本の男性は「65歳くらい」の希望が最も多く42.1%，2位は「70歳くらい」で33.0%に対して，アメリカは「65歳くらい」が45.9%「70歳くらい」16.5%，ドイツは「65歳くらい」が62.4%「70歳くらい」3.2%の割合になっており，70歳以上を希

する日本の退職希望年齢の高さが際立っています。さらに，65歳以上の高齢者の就業率については国際比較の中でその高さが目立ちます。総務省（2016）の発表によりますと，日本，アメリカ，カナダ，イギリス，ドイツ，イタリア，フランス各国の65歳以上の高齢者の就業率は日本21.7％，アメリカ18.2％，カナダ12.8％，イギリス10.1％，ドイツ6.1％，イタリア3.8％，フランス2.6％となっています。

　高い労働力率を持つ日本ですが，65歳〜69歳の高齢者の就業の理由の中に，「生きがい，社会参加のため」とする人の比率も年々上昇傾向にあります（松本，2006）。これは，老後の仕事の位置づけが若い頃と異なり，仕事第一ではなく楽しんで取り組むというように人生の中の生きがいに繋がるような二次的な位置づけであるようにも考えられます。言葉を換えれば小遣い程度の収入を得たいという反面，人間として自己の持つ能力を発揮し，それに対応した収入を得ることの中に自己の生き甲斐を見つけるというディーセント・ワーク（Dcent Work: 働き甲斐のある人間らしい仕事）にも関わるものと考えられるのです。

　このような視点から見て，老後の仕事と家庭生活の在り方にも，仕事に関わることが今まで以上の意味を持つ場合があることも含めて，これからの高齢者のワーク・ライフ・バランスの方向性についても検討していくことが求められるでしょう。

　さらに最近教育に関連して地域ぐるみで子どもを育てることの重要性が指摘されています。核家族化が進行し，地域での隣同士の交流が少なくなっている現状の中，子どもが地域と関わって生活することが少なくなっているようです。その一方で，家庭内では親の教育力の低下，家族としての基盤の脆弱化など子どもの育つ家庭環境の弱体化も指摘されており，子どもが育つべき環境の問題が徐々に大きくなっているともいえるのです。このような問題の背景を受けて，ワーク・ライフ・バランスに求められる機能も変化しているといえるでしょう。それは，ワーク・ライフ・バランスの持つ機能の1つ

として地域への関わりがあげられるのですが，地域との触れ合いが大きな意味を持つことです。それは単に地域社会への関わりを持つのではなく，家庭や学校の教育力の低下，家庭や地域コミュニティー力の低下や孤立化への対応力としての意味合いを持つと考えられるからです。つまり，地域社会との関わりを持つことによって，子どものとの関わりを持ちながら子どもの教育に関わることになると考えられ，地域による教育力を高めることにより，子どもを総合的に育てて行くということに繋がると思われるからです。このようなコミュニティー・スクールとしての機能は現在求められている「教育再生」への踏み台としての意味合いが強いと思われるのです。これについては既に第1章でも触れましたが，ワーク・ライフ・バランスの持つ機能については時代の変化とともにより発展的な視点が求められると考えられます。

第2節　自己啓発と自己成長へ向けて

　図10-3に示されているように，18歳以上の人へのアンケートから私達の日常生活の中でこれからどのようなことに力を入れていきたいのかが示されていますが，多い順に「レジャー・余暇生活」「資産・貯蓄」「食生活」「所得・収入」「住生活」「自己啓発・能力向上」となっています。特徴として自分の生活に潤いを持たせようとしている点があげられ，それは金銭によるものは勿論ですが，自己啓発・能力向上にみられるような人間としての自分の生き方そのものを精神的に豊かにしようとする生き方が定着していると思われることです。それと関連してレジャー・余暇活動も同様に高い率で定着しているのです。この2領域は別々に活用されることもあるでしょうが，基本的には深く関連しているようにも考えられます。実際，余暇活動をする中で自分の生きがいを見つけたり，新しい友人と出会うことにより新しい生き方や価値観に触れたりするなど，現在の生活に新しい風を送り込み異なった価値観を持つ生活に変化していくこともあり得るのです。これは人間としての

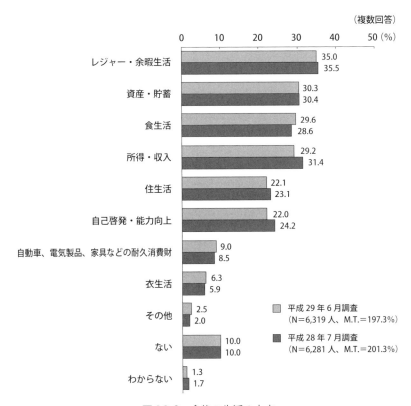

図 10-3　今後の生活の力点

（出典）内閣府 2017　国民生活に関する世論調査

成長発達に向けた生き方がワーク・ライフ・バランスの大きな柱として存在し，我々の生活にとってなくてはならないものとしてあることを示しています。

　ワーク・ライフ・バランスは本来的には，「仕事」「家庭」「余暇時間」「地域」の各要素の活用のされ方によっては家族に及ぼす影響の相違が出てきます。各要素とも極めて大切なものですが，例えば「余暇時間」について見ると，Dumazedier（1972）は余暇時間は身体的・肉体的疲労の回復のみならず

自己実現のための重要な時間であることを指摘しています。基本的に「余暇活動」には3つの機能が含まれるとしていますが，1番目は「休息」です。これは連日の仕事などによって生じる心身の疲労などを回復させるのが大きな目的になりますが，人々にとってはなくてはならないものです。2番目の機能は「気晴らし」です。これは連日の労働を含めた生活の中で生ずる単調さから気持ちを変えて日常とは異なる隔絶した世界に逃避したりする行動があり，旅行，遊戯，スポーツや映画，演劇，小説などがその対象になります。そして3番目の機能は「自己開発」とばれるもので1番目2番目の機能とは多少趣が異なるように感じられます。「自己開発」は自分の生き方，価値観，行動などの人としての在り方そのものをより高度な方向へ変化させるものであり，人としての成長する姿そのものを表現したものです。以上のように3つの機能が指摘されていますが，1番目〜3番目の各機能は個々別々にあるものでもなく，相互に関わり合っていて個々の人々の生き方にも影響をもたらすものと考えられます。

さらにDumazedier（1972）は「余暇とは，個人が職場や家庭，社会から課せられた義務から解放されたときに，休息のため，気晴らしのため，あるいは利得とは無関係な知識や能力の養成，自発的な社会参加，自由な創造力の発揮のために，全く随意に行う活動の総体である」としています。この言葉の中には，人間として成長するための重要な活動が含まれており，これなくしては人間として成長しないとも考えられます。言葉を換えれば，余暇活動は生活そのものに新しい価値観をもたらし，今までとは異なった生活をもたらすものといっても良いのではないでしょうか。このような視点から見ると，ワーク・ライフ・バランスは単に生活と仕事のバランスをとるということ以上に新しい生活観，価値観を生み出し人間としての生き方に大きな変革と魅力をもたらすものと考えられます。

第3節　ワーク・ライフ・バランスと夫婦関係満足

　ワーク・ライフ・バランスは夫婦関係にも大きな問題を引き起こすこととなります。本書の第Ⅱ部の調査結果でも示しましたが，家庭への関与を中心とするワーク・ライフ・バランスは良好な夫婦関係を築くだけでなく，夫婦や子どものストレスを減らし，健全な家族機能を形成するためにも重要な意味を持ちます。夫婦関係は家族の在り方を形成する核として重要なものです。これに関連する研究成果がありますので紹介したいと思います。

　山口（2007）は，ワーク・ライフ・バランスの指標として考えられる家庭での過ごし方と夫婦関係の満足度について取りあげています。それによりますと，休日は「くつろぎ」「家事・育児」「趣味・娯楽・スポーツ」，平日は「食事」「くつろぎ」などの夫婦の共有生活時間数と夫の育児分担など，夫婦の共有するワーク・ライフ・バランスに関連する変数が夫婦関係満足度に影響することを指摘しています。また夫婦関係満足度は仕事に影響をもたらすので，夫婦を中心とする家族成員が自ら積極的・自主的にワーク・ライフ・バランスに関わる生活を夫婦相互の関わりの中で形成する必要があることを指摘しています。

　また，金井（2002）はワーク・ファミリー・コンフリクトの視点から，東京都と愛知県下の民間企業に働く男女正規従業員502名を対象とした調査を実施しています。その結果共働き家庭の男性について家庭よりも仕事に強く関わっている場合，家庭からの要求が職場での達成を阻害し，仕事と家庭の両方に強く関わっている人ほどワーク・ファミリー・コンフリクトが低いことを指摘しています。

　この2つの指摘は大変示唆に富む内容であり，ワーク・ライフ・バランスの本来の持つ機能を指摘しています。つまり，家庭の持つ機能が極めて重要であるということを指摘しているのです。家庭生活は精神的安らぎを得る場

であると同時に生きる活力を充電・創造する場でもあり，仕事にのめり込むのは基本的に日常生活そのものを破壊するという結論になります。このことに関連して，Innstrand, Langballe, Espnes, Falkum & Aasland（2008）は，法律家，バス運転手，情報技術職員，教師，医師，牧師，看護師など 8 種類の職種とそこに勤める 2,235 人について家庭と仕事への関わりについて縦断的な調査を行い，家庭よりも仕事に強く関わっている場合は仕事から遠ざけることがワーク・ファミリー・コンフリクトを低下させる要素として作用することを示しています。

今回の調査結果からも上記の研究報告と同様の結果が得られており、家族への関わりを中心としたワーク・ライフ・バランスの重要性が改めて確認できます。

第 4 節　ワーク・ライフ・バランスと子どもの成長・発達

第Ⅱ部の調査結果の報告の箇所で既に述べたように，夫・妻の仕事，家庭，余暇活動，地域への関わりの在り方は夫婦関係，家族成員のストレスや家族機能に影響をもたらすのですが，それ以上に考えておかなければならないことがあります。それは子どもの成長・発達の問題です。ライフステージ上，家族の中では比較的年齢の低い子どもは発達心理学の視点から見ると，発展途上といってもよいのですが，発達そのものは環境から受ける影響が大きいのです。とりわけ，年齢の低い幼児や低学年児童では強い影響を受けます。しかし，毎日家族や子どものために働いている親からしてみれば，子どもの成長・発達になかなか目を向けることができず，子どもに何か問題が生じたときになって初めて自分の関わり方に問題がなかったかどうかを考えることになります。

学校などの集団生活で集団に馴染めない，コミュニケーションが取れなくて対人関係がうまくいかない，自分のことをうまく表現できない，自分の行

動をコントロールできずに自分勝手に振る舞うなどいろいろと子どもの問題行動があげられます。このような問題行動全てが家庭環境から生ずるとはいい切れませんが、それでも何らかの関連性を有することも多くあります。

今述べたことは親の養育行動に関連することを指摘していますが、実はワーク・ライフ・バランスは親として、職業人として家庭にどのように関わっているのか、子育てにどのように関わっているのかという問題そのものです。

子どもの成長・発達に関しては身体的発達と並んで精神機能の発達が重要なものとして指摘できます。精神機能というのは具体的にいえば、「言葉」「思考」「記憶」「情緒」「感情」「共感性」「対人関係」「自己統制力」「コミュニケーション能力」など私たちが人間らしく生きることを支える能力を指しています。これらの多くは幼い時期にその基礎が形成されて、大人へと完成されていきます。したがって、幼い時期に周囲の大人が適切に関わっていくことが必要不可欠になります。

それでは子育てについて親としてどのように関わればよいのでしょうか。第Ⅱ部調査結果の箇所では共働き家庭の児童のストレス（不安）に影響が見られました。ここで、さらに子どもの社会性の発達にもたらす影響について実際の調査に基づいて分析を加えた尾形・宮下（1999）の結果を紹介したいと思います。

調査対象は小学校低学年（1，2年生）児童を育てている家庭の夫と妻、その子ども235組です。その中から専業主婦家庭146組を最終的な分析の対象としました。その理由は、ライフステージから見て幼児期あるいは小学校低学年は親の仕事と子育ては共に肉体的・精神的負担が大きく、とりわけ専業主婦家庭の場合家庭内の子育てに明け暮れる妻に共働き家庭以上の育児ストレスがかかりやすく（横浜市教育委員会・預かり保育推進委員会，2001）、児童虐待などの問題が生じやすい環境にあると考えられるからです。また、専業主婦家庭では今指摘した問題に加えて、夫は仕事に関わっているために、妻に子育てを任せているという役割分担意識からどちらかというと仕事に重点を

置いて関わることが多くあり，子育てへの負担が妻に多くかかり過ぎると思われるからです。したがって，夫は仕事と同時に家庭，特に子育てや妻へのコミュニケーションを中心とした関わりが必要以上に求められことになると考えられるからです。これは，まさにワーク・ライフ・バランスの最重要課題です。

　調査に際し説明に基づいて承諾していただいた各家庭に調査用紙を配布し，夫には自身の家庭関与の状況，妻には自分自身のストレスと子どもの社会性の発達について記入を依頼しました。子どもの社会性の発達については「S-M 社会生活能力検査」を用いました[1]。回収した調査用紙を分析しましたが，その結果夫と妻については次のようなことが分かりました。

　夫の家庭関与として「家事への援助」「夫婦間のコミュニケーション」「子どもとの交流」の 3 つの関与が，妻のストレスについては「集中力の欠如」「孤立感」「心的疲労感」「自己閉塞感」の 4 つが抽出されました[2]。次に，専業主婦家庭の子どもの社会性について「身辺自立」「移動」[3]「作業」[4]「意志交換」「集団参加」「自己統制能力」をそれぞれ調べ，その合計得点から社会生活指数（SQ）を算出し，社会性として用いました。さらに，専業主婦家庭の夫の 3 つの家庭関与と妻の 4 つのストレスのそれぞれの平均点を求め，平均点より高いグループと低いグループに分け，そこから次のようなグループを構成しました。

　まず 1 番目に夫の「家事への援助」と妻のストレス（集中力の欠如と孤立感）について，

---

1)　S-M 社会生活能力検査（日本文化科学社）は自立と社会参加に必要な生活への適応能力を捉える検査で「身辺自立」「移動」「作業」「意志交換」「集団参加」「自己統制」の 6 領域からなります。
2)　共働き家庭と専業主婦家庭を合わせて因子分析（主因子法，バリマックス回転，1 つの因子にのみ絶対値 .40 以上の負荷量を基準に項目を選択）を行いました。また，夫の家庭関与と妻のストレスの各因子の信頼性係数は，.697 〜 .833 および .816 〜 .843 でした。
3)　「移動」は，自分の行きたい所へ移動するための生活能力を示します。
4)　「作業」は，道具の扱いなどの作業遂行に関する生活能力を示します。

夫・「家事への援助高」×妻・「集中力の欠如高」（40組）[5]
夫・「家事への援助高」×妻・「集中力の欠如低」（34組）
夫・「家事への援助低」×妻・「集中力の欠如高」（31組）
夫・「家事への援助低」×妻・「集中力の欠如低」（41組）

そして

夫・「家事への援助高」×妻・「孤立感高」（38組）
夫・「家事への援助高」×妻・「孤立感低」（36組）
夫・「家事への援助低」×妻・「孤立感高」（27組）
夫・「家事への援助低」×妻・「孤立感低」（45組）

のそれぞれの組み合わせが得られました。これらの組み合わせから得られた子どもの社会性の発達を示す図10-4と図10-5は次のようになります。

図10-4から，夫の家事への援助が高く妻の集中力の欠如が低い家庭の子どもの社会性（125.79）は，夫の家事への援助が低く妻の集中力の欠如が高い家

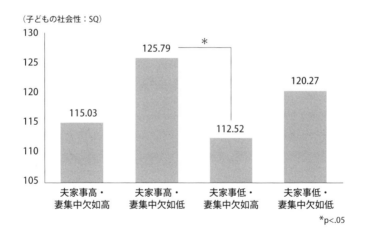

図10-4 夫の家事援助と妻の集中力の欠如

---

[5] 夫・「家事への援助高」×妻・「集中力の欠如高」（40組）というのは，夫が家事への関わりを高く持ち，妻の集中力の欠如が高い，家族が40組ということを示します。以下同じ要領で記載してあります。

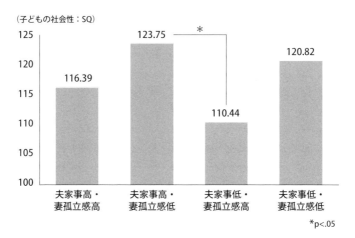

図 10-5　夫の家事援助と妻の孤立感

庭の子どもの社会性（112.52）よりも有意に高い[6]ことが示されています[7]。

図 10-5 から夫が家事へ関わり妻の孤立感の低い家庭の子どもの社会性（123.75）は，夫が家事へ関わらず妻の孤立感が高い家庭の子どもの社会性（110.44）よりも有意に高いことが示されました。

夫の家事への援助と妻の心的疲労感については

　　夫・「家事への援助高」×妻・「心的疲労感高」（37 組）

　　夫・「家事への援助高」×妻・「心的疲労感低」（37 組）

　　夫・「家事への援助低」×妻・「心的疲労感高」（30 組）

　　夫・「家事への援助低」×妻・「心的疲労感低」（42 組）

これらの組合せから子どもの社会性の発達を示す図 10-6 が得られました。

---

[6]　「有意に高い」というのは，第 6 章で示したように，高い確率で高いと結論付けることができることを示します。ここでは 95％ の確率で高いという結論になります。

[7]　ここでは，4 つの家族形態を独立変数，子どもの社会性を従属変数とする一元配置分散分析を行いました。また，有意差が見られたものについては Tukey 法による多重比較を行いました。

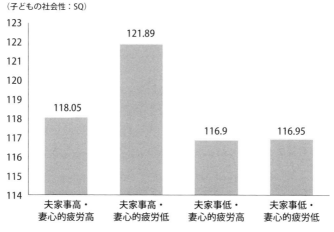

図 10-6　夫の家事援助と妻の心的疲労感

　次に夫の家事への援助と妻の自己閉塞感については
　　夫・「家事への援助高」×妻・「自己閉塞感高」（43 組）
　　夫・「家事への援助高」×妻・「自己閉塞感低」（31 組）
　　夫・「家事への援助低」×妻・「自己閉塞感高」（34 組）
　　夫・「家事への援助低」×妻・「自己閉塞感低」（38 組）
の 4 組が得られました。これらをグラフにしたのが図 10-7 になります。
　また，図 10-6 と図 10-7 からは各家庭の間には有意な差は見られませんでしたが，夫の家事への関与が高く妻のストレスが低い場合に子どもの社会性の発達が良好であることが一貫して示されています。

　次に，夫の「夫婦間のコミュニケーション」と妻のストレス（集中力の欠如）について，
　　夫・「夫婦間のコミュニケーション高」×妻・「集中力の欠如高」（25 組）
　　夫・「夫婦間のコミュニケーション高」×妻・「集中力の欠如低」（38 組）

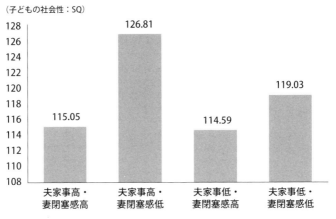

図 10-7　夫の家事援助と妻の自己閉塞感

　　夫・「夫婦間のコミュニケーション低」×妻・「集中力の欠如高」（46組）
　　夫・「夫婦間のコミュニケーション低」×妻・「集中力の欠如低」（37組）
以上の4つの組み合わせが得られました。これに基づいて，子どもの社会性の発達を示したのが図10-8です。

　図10-8から示されるのは，夫婦の間のコミュニケーションが高く妻の集中力の欠如が低い家庭の子どもの社会性（123.18）は，夫婦の間のコミュニケーションが低く妻の集中力の欠如が高い家庭の子どもの社会性（110.61）よりも有意に高いことです。また，夫婦の間のコミュニケーションが低く妻の集中力の欠如が低い家庭の子どもの社会性（122.35）は，夫婦の間のコミュニケーションが低く妻の集中力の欠如が高い家庭の子どもの社会性（110.61）よりも有意に高いことも示されています。この結果は夫が妻と十分にコミュニケーションを取り，妻としてのストレスが低いことが子どもの社会性の発達に良い環境であることが分かります。また，夫婦の間のコミュニケーションが低くても妻の集中力の欠如が低い家庭の場合も子どもの社会性の発達が良いのですが，これは夫との間に役割分担が形成されているために妻にはストレスがかからず，子育てのための環境が形成されているからだと

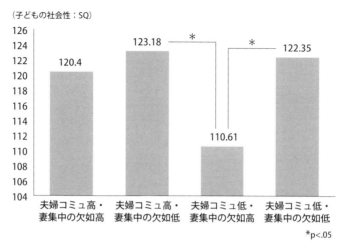

図 10-8　夫婦のコミュニケーションと妻の集中力の欠如

思われます。

　次に，夫の「夫婦間のコミュニケーション」と妻のストレス（孤立感）について，

　　夫・「夫婦間のコミュニケーション高」×妻・「孤立感高」（22 組）
　　夫・「夫婦間のコミュニケーション高」×妻・「孤立感低」（41 組）
　　夫・「夫婦間のコミュニケーション低」×妻・「孤立感高」（43 組）
　　夫・「夫婦間のコミュニケーション低」×妻・「孤立感低」（40 組）

以上の 4 つの組み合わせが得られました。これに基づいて，子どもの社会性の発達を示したのが図 10-9 です。

　図 10-9 からは夫婦の間のコミュニケーションが高く妻の孤立感が低い家庭の子どもの社会性（124.68）は，夫婦の間のコミュニケーションが低く妻の孤立感が高い家庭の子どもの社会性（112.44）よりも有意に高いことが示されています。

154　第Ⅲ部　これからのワーク・ライフ・バランス

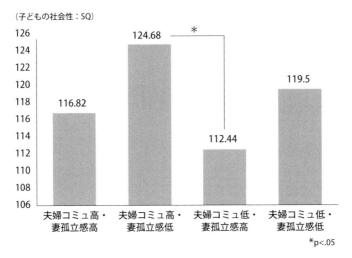

図10-9　夫婦のコミュニケーションと妻の孤立感

　次に，夫の「夫婦間のコミュニケーション」と妻のストレス（心的疲労感）について

　　　夫・「夫婦間のコミュニケーション高」×妻・「心的疲労感高」（27組）
　　　夫・「夫婦間のコミュニケーション高」×妻・「心的疲労感低」（36組）
　　　夫・「夫婦間のコミュニケーション低」×妻・「心的疲労感高」（40組）
　　　夫・「夫婦間のコミュニケーション低」×妻・「心的疲労感低」（43組）

以上の4つの組み合わせが得られました。これに基づいて，子どもの社会性の発達を示したのが図10-10です。

　図10-10からは各家庭の間には有意な差が見られませんでしたが，夫婦のコミュニケーションが高く妻の心的疲労感が低い家庭の方が子どもの社会性の発達が良好なことが分かります。

　さらに，夫の「夫婦間のコミュニケーション」と妻のストレス（自己閉塞感）について

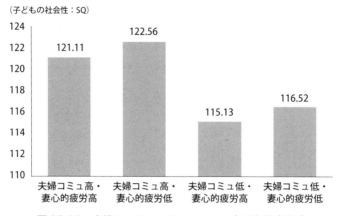

図 10-10　夫婦のコミュニケーションと妻の心的疲労感

　　夫・「夫婦間のコミュニケーション高」×妻・「自己閉塞感高」（28 組）
　　夫・「夫婦間のコミュニケーション高」×妻・「自己閉塞感低」（35 組）
　　夫・「夫婦間のコミュニケーション低」×妻・「自己閉塞感高」（49 組）
　　夫・「夫婦間のコミュニケーション低」×妻・「自己閉塞感低」（34 組）
以上の 4 つの組み合わせが得られました。これに基づいて，子どもの社会性の発達を示したのが図 10-11 です。

　図 10-11 からは，夫婦の間のコミュニケーションが高く妻の自己閉塞感が低い家庭の子どもの社会性（123.2）は，夫婦の間のコミュニケーションが低く妻の自己閉塞感が高い家庭の子どもの社会性（111.69）よりも有意に高いことが示されています。

　以上のように，夫が妻とのコミュニケーションを多く取り，妻のストレスが低い場合子どもの社会性の発達が良好であることが示されています。特に，夫が妻とのコミュニケーションを多くとり妻のストレス「集中力の欠如」「孤立感」「自己閉塞感」が低い場合，妻とのコミュニケーションを余り取らず妻のストレス「集中力の欠如」「孤立感」「自己閉塞感」が高い家庭よりも子どもの社会性の発達が有意に高いことが理解できます。

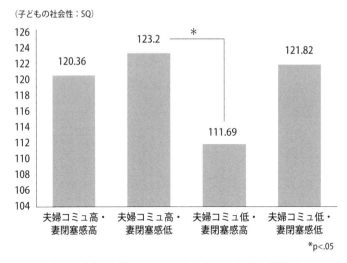

図 10-11　夫婦のコミュニケーションと妻の閉塞感

そして3番目に，夫の「子どもとの交流」と妻のストレスについて，

　夫・「子どもとの交流高」×妻・「集中力の欠如高」（34組）

　夫・「子どもとの交流高」×妻・「集中力の欠如低」（37組）

　夫・「子どもとの交流低」×妻・「集中力の欠如高」（37組）

　夫・「子どもとの交流低」×妻・「集中力の欠如低」（38組）

そして

　夫・「子どもとの交流高」×妻・「孤立感高」（27組）

　夫・「子どもとの交流高」×妻・「孤立感低」（44組）

　夫・「子どもとの交流低」×妻・「孤立感高」（38組）

　夫・「子どもとの交流低」×妻・「孤立感低」（37組）

以上の4つの組み合わせが得られました。結果を図10-12と図10-13に示します。

図10-12からは，夫の子どもと交流が高く妻の集中力の欠如が低い家庭の子どもの社会性（125.27）は，夫の子どもと交流が低く妻の集中力の欠如が

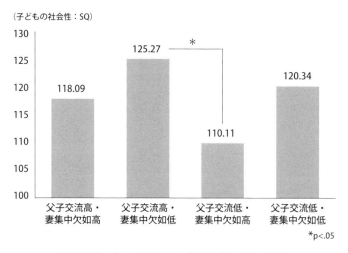

図 10-12　夫の子どもとの交流と妻の集中力欠如

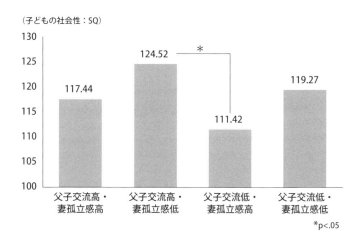

図 10-13　夫の子どもとの交流と妻の孤立感

高い家庭の子どもの社会性（110.11）よりも有意に高いことが理解できます。

同様に，図10-13から夫の子どもと交流が高く妻の孤立感が低い家庭の子どもの社会性（124.52）は，夫の子どもと交流が低く妻の孤立感が高い家庭

の子どもの社会性（111.42）よりも有意に高いことが理解できます。

さらに，

　　夫・「子どもとの交流高」×妻・「心的疲労感高」（29組）
　　夫・「子どもとの交流高」×妻・「心的疲労感低」（42組）
　　夫・「子どもとの交流低」×妻・「心的疲労感高」（38組）
　　夫・「子どもとの交流低」×妻・「心的疲労感低」（37組）

そして

　　夫・「子どもとの交流高」×妻・「自己閉塞感高」（35組）
　　夫・「子どもとの交流高」×妻・「自己閉塞感低」（36組）
　　夫・「子どもとの交流低」×妻・「自己閉塞感高」（42組）
　　夫・「子どもとの交流低」×妻・「自己閉塞感低」（33組）

以上の4つの組み合わせが得られました。これに基づいて，子どもの社会性の発達を示したのが図10-14，図10-15です。

図10-14から，各家庭観の有意な差は見られませんでしたが，夫が子どもと交流せず，妻の心的疲労感が高い家庭では子どもの社会性の発達が低いことが示されています。

また，図10-15からは，夫の子どもと交流が高く妻の自己閉塞感が低い家庭の子どもの社会性（123.75）は，夫の子どもと交流が低く妻の自己閉塞感が高い家庭の子どもの社会性（110.67）よりも有意に高いことが分かります。

以上のように，ワーク・ライフ・バランスの視点から見て，夫が仕事のみならず家庭への関与を行うことが，妻のストレスを低減し，その下で育つ子どもの社会性の発達に積極的に良好な影響をもたらすことが理解できることと思います。このことはとりもなおさず，夫がコミュニケーションを基として家庭関与に十分に関わることが妻のストレス軽減を促進し，親としての役割を充分にこなしていくことを可能にしており，結局子どもが成長する家庭環境が良好であり，子どもの成長発達に良い影響を与えていることになります。具体的には，夫婦間に交わされるコミュニケーションは子どもがコミュ

第 10 章　これからのワーク・ライフ・バランスに向けて　159

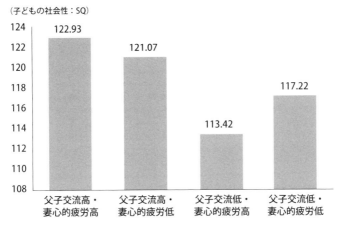

図 10-14　夫の子どもとの交流と妻の心的疲労感

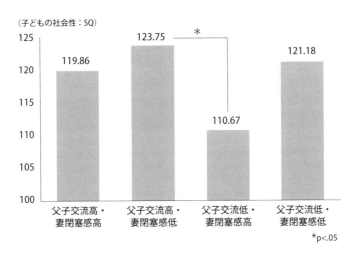

図 10-15　夫の子どもとの交流と妻の閉塞感

ニケーションの在り方を学ぶための生きたモデルとして存在し，子ども自身が親や自分の友人とのやり取りを身に着けていくことが可能です。

　同様に，夫が子どもと関わることが，子どもにとっては親との間に交わさ

れるやり取りによって自分の発する言葉の意味，親から発せられる言葉の意味を知り，そのことが人との感情のやり取りを含めた対人関係の基本を学ぶ上で極めて大切な場になります。他にも，自分が話してはいけないことや，我慢するべきことなどを知ることになり自己統制のとれた人間に育っていくことになります。

このような視点からみると，夫としてのワーク・ライフ・バランスは夫個人の問題に留まらず，妻や子どもの成長・発達にも大きな影響をもたらすものであり，親としての働き方そのものの重要性を包含するものです。その一方で，職業人として，自分の人生の送り方，生きるということそのものの追及の意味も含むものであり，私たち人間にとってワーク・ライフ・バランスの持つ意味の深さや重要性が改めて理解できることと思います。

第5節　キャリア教育とワーク・ライフ・バランス

現在の小学校・中学校の義務教育や高校においては，児童生徒のキャリア教育に関わる指導が行われています。このキャリア教育そのものは，若者の仕事への定着や，仕事を通して自分の生き甲斐を作り出し関わっている仕事の中で自分の生き方を作り上げていくことや，力強い生き方のプロセスを形成することに関連しています。しかし，現在のキャリア教育そのものは多くの問題点を抱えているといわざるを得ません。繰り返しになりますが，本来キャリア教育とは，仕事をする中で自己の生き方を追求し，力強く生きていく自己を形成していくことを求めるものです。

現在このような基本的な考えを基にしてキャリア教育が進められているのですが，実際には進学指導が実質キャリア教育としての位置づけになっている感が強く（寺田，2008），また教員の仕事の時間が多く多忙であることなども重なり，十分なキャリア教育が行われているとはいえないのではないでしょうか。中学校では職業体験の場があるのですが，社会で体験してきたこと

を基に十分に自分の将来の生き方に結び付けて学習していく機会が，教員の多忙さのために十分に取られているとは言い難い面もあります。同時に，キャリア教育の本来のねらいである人間らしく生き生きとした生き方を求めることを追求したワーク・ライフ・バランスについて，生徒に理解してもらうための時間を十分に取ることもさらに求められます。

キャリア教育の考え方の中に含まれる人間としてたくましく生きていくことは，仕事への参画は勿論ですが家庭生活や余暇時間の活用などを積極的に活用し人間らしい生き方を自分から作り上げていくことを意味しています。その中の一つの生き方としてワーク・ライフ・バランスが存在しますが，これはまさに人間としての豊かな生活を作り上げるための集大成であり，キャリア教育の最終目標でもあるといっても過言ではありません。

高校生にワーク・ライフ・バランスという言葉を問うと，聞いたことはあるものの具体的な意味までは理解していないことが多いようです（家族社会心理学研究所，2008; 太田，2009）。社会の変化に伴い高校生のワーク・ライフ・バランスについての理解は増してはいると思われますが，おそらくこの時期は，毎日の勉強やクラブ活動，あるいは受験勉強で目前のことに追われ，将来の自分の姿を具体的に考える機会も余りないものと考えられます。自己の望む将来の職業について考えるという時間的展望がまだ不明瞭かもしれません。結局自分の特性と将来の職業との繋がりを充分に考える機会を取ることもなく進学などに向けて突き進んでいると思われます。

自己の特性を知り将来の職業との関連性について吟味するべき青年期に，人間らしく生きることの大切さを考える機会を充分に取る必要があります。そこにワーク・ライフ・バランスの持つ意味も含めて十分に伝えていくこともより一層必要です。

また，学校教育の果たすべき役割とは別ですが，青年が将来の職業生活の中でワーク・ライフ・バランスをどのように考えるのかということについて，家庭生活の中で影響を受けていることも念頭に置くべきでしょう。子どもは

毎日のように家庭の生活の中で成長していきますが，両親の生活の送り方は子どもの模範として影響力を持つようです。尾形（2010）は，父親が家庭生活と仕事に十分に関わる生活を送る姿勢は，その子どもの家庭生活を大事にして仕事に関わるという家庭重視のワーク・ライフ・バランス観形成に関連することを示しています。子どもの毎日過す家庭の在り方が大きな影響力を持ち得ることは改めて注目すべきことです。

引用・参考文献

デュマズディエ　中島巌（訳）　1972　余暇文明へ向かって　東京創元社

福田佳織・森下葉子・尾形和男　2015　専業主婦家庭の父親のワーク・ライフ・バランスが家族に及ぼす影響―ライフステージごとの変化―　日本発達心理学会第26回大会発表論文集

Innsrtrand, S. T., Langballe, E. M., Espnes. G. A., Falkum, E., & Aasland, O. G. 2008 Positive and Lomgitudinal study of reciprocal relations. *Work & Stress*, 22(1), 1-15.

金井篤子　2002　ワーク・ファミリー・コンフリクトの規定因とメンタルヘルスへの影響に関する心理的プロセスの検討　産業・組織心理学研究, 15(2), 107-122.

家族社会心理学研究所　2008　青少年のワーク・ライフ・バランスに関する調査研究　四日市市男女共同参画課調査・研究事業報告書, 1-32.

厚生労働省　2007　2005～2006年　海外情勢報告

松本恵　2006　高齢者の就労意欲にかかわる要因―生活意識との関係性についての考察―　Works Review, 1, 162-173.

内閣府　2010　第7回高齢者の生活と意識に関する国際比較調査

内閣府　2012　余暇時間の活用と旅行に関する世論調査

内閣府　2015　第8回高齢者の生活と意識に関する国際比較調査

内閣府　2017　国民生活に関する世論調査

内閣府男女共同参画局　2014　平成25年度男女共同参画社会形成状況　男女共同参画白書平成25年版　http://www.gender.go.jp/about_danjo/whitepaper/h26/zentai/pdf/h26_tokusyu1.pdf（アクセス日：2017年10月26日）

尾形和男　2003　父親の育児と子ども―育児は夫婦関係と父親を変化させる―　柏木惠子・高橋惠子（編）　心理学とジェンダー　有斐閣

尾形和男　2010　父親のワーク・ライフ・バランスについての一考察―夫婦関係，家族メンバーの生活，子どものワーク・ライフ・バランス観との関係―　愛知教育大学研究報告, 59, 99-106.

尾形和男・宮下一博　1999　父親の協力的関わりと母親のストレス，子どもの社会性の発達　家族心理学研究, 13, 87-102.
尾形和男・坂西友秀・福田佳織・森下葉子　2015　夫婦のワーク・ライフ・バランスと家族―ライフステージと夫婦関係，家族成員のストレス，家族機能への影響―　日本教育心理学会第 57 回総会発表論文集
太田仁　2009　ワーク・ライフ・バランスに対する態度形成要因の研究―高校生のワーク・ライフ・バランスに対する態度形成に関する要因の検討―　日本心理学会第 73 回大会論文集
総務省　2016　統計から見た我が国の高齢者
寺田盛紀　2008　我が国におけるキャリア教育の課題―若干の通説的理解を見直す―　日本労働研究雑誌, 573, 54-57.
山口一男　2007　夫婦関係満足度とワーク・ライフ・バランス　季刊家計経済研究, 73, 55-60.
横浜市教育委員会・預かり保育推進委員会　2001　横浜市預かり保育に関する研究　平成 11-12 年度文部科学省預かり保育研究最終報告書

〈巻末資料〉

専業主婦家庭

資料1-1　夫の生活領域の因子分析結果（主因子法プロマックス回転，4因子固定）

項目内容（＊は逆転項目）	因子1	因子2	因子3	因子4
因子1：家庭関与　（α =.749）				
1. 私は休暇のとき，妻と一緒にいる時間を大事にしている	.681	.059	-.058	-.028
3. 私は休暇のとき，家族のみんなを誘って出かけることがある	.643	.083	.012	-.044
2. 私は家族で食事をするとき，仕事のことだけでなくいろいろな話をしている	.592	-.037	.132	.008
4. 私は子どもの将来のことについてよく相談にのる	.541	.027	.032	.033
19. 時間を作って妻と旅行などに行きたいと思う	.500	.104	.075	-.057
6. 私は休暇のとき，家族と関わらず，一人でのんびりしていることがある（＊）	-.491	.126	.313	-.062
5. 私は忙しくて家族との会話が少ない（＊）	-.457	.209	-.079	-.072
因子2：仕事関与　（α =.759）				
11. 私は仕事が順調なとき，家族と良く話をする	.050	.700	.061	-.004
12. 私は仕事がうまく行っているときは，表情に出やすい	.038	.690	.048	.034
9. 私は仕事のことで悩んだり喜んだりしている	.117	.556	.012	-.048
8. 私は家族と話をするとき，仕事のことが多い	-.074	.554	-.086	.015
13. 私は仕事の話をするとき，生き生きとしていると思う	-.031	.543	-.004	.166
10. 私は休暇のときでも仕事のことが頭から離れないことがある	-.061	.541	-.098	-.091
因子3：余暇活動　（α =.726）				
14. 私は時間があるときは，自分の趣味を行うことがある	.078	-.127	.733	.049
15. 日曜日などは自分の時間を作って楽しむ	-.165	-.009	.698	.039
21. 自分の趣味など時間をとってゆっくりと楽しむのが好きだ	.086	-.010	.664	-.043
20. 時間を作って，自分が楽しめることをしたいと思う	.149	.098	.477	-.061

因子4：地域活動　（a =.733）				
16. 町会など近隣の仕事に関わるのは楽しい	.027	.055	.009	.905
17. 町会など近隣の仕事に関わるのはおっくうである（＊）	-.036	.084	.070	-.617
22. 休日など地域との関わりが多い方だ	-.068	.070	.048	.571
寄与率（％）	12.672	11.412	8.273	7.805
累積寄与率（％）	12.672	24.084	32.357	40.162

資料1-2　夫から見た夫婦関係の因子分析結果（主因子法プロマックス回転，2因子固定）

項目内容	因子1	因子2
因子1：満足感　（a =.947）		
9. 妻との関係によって，私は幸福である	.872	-.050
8. 私たちの夫婦関係は，強固である	.857	-.043
7. 私と妻の関係は，非常に安定している	.854	-.055
11. 私は夫婦関係のあらゆるものを思い浮かべると，幸福だと思う	.816	-.023
13. 夫婦でお互いを思いやっている	.814	.001
10. 私は，まるで自分と妻が同じチームの一員のようであると，ほんとうに感じている	.772	-.026
6. 私たちは，申し分のない結婚生活を送っている	.757	-.010
5. 私は妻から受け入れられている	.743	-.020
19. 私は妻を尊敬している	.732	-.029
14. 私が悩んでいるとき妻は相談相手になってくれる	.704	.015
2. 妻にはいろいろな話ができる	.696	.063
12. 妻は夫婦の会話を大事にしている	.694	.029
3. 私は妻とはなんでも話ができる	.666	.074
20. 私は妻とできるだけ一緒に出かけたり，旅行がしたい	.629	.034
1. 私は妻と納得のいくまで話をすることが良くある	.519	.082
因子2：相手への要望　（a =.796）		
16. 妻には家庭や家族のことについてできるだけ関心をもってほしい	.058	.792
17. 妻には私の話をよく聞いてほしい	.054	.780
15. 妻には私の考えを受け入れて尊重してほしい	.042	.585
18. 妻には子どもに今以上に関わりを持ってほしい	-.130	.550
寄与率（％）	44.622	9.688
累積寄与率（％）	44.622	54.310

資料1-3 妻から見た夫婦関係の因子分析結果(主因子法プロマックス回転,2因子固定)

項目内容(＊は逆転項目)	因子1	因子2
因子1:満足感 (a =.953)		
9. 夫との関係によって,私は幸福である	.883	-.078
7. 私と夫の関係は,非常に安定している	.870	-.080
11. 私は夫婦関係のあらゆるものを思い浮かべると,幸福だと思う	.847	-.054
13. 夫婦でお互いを思いやっている	.845	-.044
8. 私たちの夫婦関係は,強固である	.835	.027
10. 私は,まるで自分と夫が同じチームの一員のようであると,ほんとうに感じている	.813	-.049
6. 私たちは,申し分のない結婚生活を送っている	.800	-.080
12. 夫は夫婦の会話を大事にしている	.798	-.019
14. 私が悩んでいるとき夫は相談相手になってくれる	.774	.018
2. 夫にはいろいろな話ができる	.761	.051
19. 私は夫を尊敬している	.756	.005
3. 私は夫とはなんでも話ができる	.694	.080
1. 私は夫と納得のいくまで話をすることが良くある	.670	.044
5. 私は夫から受け入れられている	.668	.058
20. 私は夫とできるだけ一緒に出かけたり,旅行がしたい	.651	.172
4. 夫には頼みたいことがあってもなんとなく言い出しにくい(＊)	-.406	-.015
因子2:相手への要望 (a =.761)		
17. 夫には私の話をよく聞いてほしい	.050	.860
16. 夫には家庭や家族のことについてできるだけ関心をもってほしい	.042	.809
15. 夫には私の考えを受け入れて尊重してほしい	.071	.586
18. 夫には子どもに今以上に関わりを持ってほしい	-.203	.479
寄与率(%)	47.535	9.479
累積寄与率(%)	47.535	57.014

資料1-4　夫のストレスの因子分析結果（主因子法，1因子固定）

項目内容（＊は逆転項目）	因子1
因子1：ストレス（a =.876）	
4. 私は不安である	.740
6. 私はピリピリしている	.725
7. 私はイライラしている	.724
8. 私はなにかしら緊張している	.682
3. 私は何かまずいことが起こりそうで心配である	.680
2. 私は安心している（＊）	-.656
9. 私はリラックスしている（＊）	-.605
10. 私は心配事が多い	.585
5. 私は気分が良い（＊）	-.535
1. 私は平静である（＊）	-.500
寄与率（％）	41.986

資料1-5　妻のストレスの因子分析結果（主因子法，1因子固定）

項目内容（＊は逆転項目）	因子1
因子1：ストレス（a =.894）	
2. 私は安心している（＊）	-.766
4. 私は不安である	.735
9. 私はリラックスしている（＊）	-.710
1. 私は平静である（＊）	-.698
7. 私はイライラしている	.696
8. 私はなにかしら緊張している	.684
6. 私はピリピリしている	.679
3. 私は何かまずいことが起こりそうで心配である	.661
5. 私は気分が良い（＊）	-.592
10．私は心配事が多い	.579
寄与率（％）	46.556

〈巻末資料〉 169

資料1-6　子どものストレスの因子分析結果（主因子法，1因子固定）

項目内容（＊は逆転項目）	因子1
因子1：ストレス（ɑ =.891）	
8. 私はなにかしら緊張している	.766
7. 私はイライラしている	.735
4. 私は不安である	.710
6. 私はピリピリしている	.698
10. 私は心配事が多い	.696
2. 私は安心している（＊）	-.684
9. 私はリラックスしている（＊）	-.679
3. 私は何かまずいことが起こりそうで心配である	.661
5. 私は気分が良い（＊）	-.592
1. 私は平静である（＊）	-.579
寄与率（％）	45.608

共働き家庭

資料2-1　夫の生活領域の因子分析結果（主因子法，プロマックス回転，4因子固定）

項目（＊は逆転項目）	因子1	因子2	因子3	因子4
因子1：家庭関与　（ɑ =.788）				
1. 私は休暇のとき，妻と一緒にいる時間を大事にしている	.753	.045	-.036	-.054
3. 私は休暇のとき，家族みんなを誘って出かけることがある	.714	.055	.022	.000
2. 私は家族で食事をするとき，仕事のことだけでなくいろいろな話をする	.668	-.044	.048	-.022
4. 私は子どもの将来のことについてよく相談に乗る	.561	.079	.018	.084
5. 私は忙しくて家族との会話が少ない（＊）	-.561	.185	-.036	-.073
19. 時間をつくって，妻と旅行などに行きたいと思う	.509	.025	.124	-.073
6. 私は休暇のとき，家族とかかわらず，一人でのんびりしていることがある（＊）	-.472	.065	.284	-.059
因子2：仕事関与　（ɑ =.779）				
12. 私は仕事がうまく行っているときには，表情に出やすい	-.016	.716	.014	-.021

項目		因子1	因子2	因子3	因子4
11.	私は仕事が順調な時，家族とよく話をする	.104	.675	-.028	.019
10.	私は休暇のときでも仕事のことが頭から離れないことがある	-.077	.640	-.042	-.063
9.	私は仕事のことで悩んだり喜んだりしている	.020	.565	.048	-.074
8.	私は家族と話をするとき，仕事のことが多い	-.096	.528	-.009	.057
13.	私は仕事の話をするとき，生き生きとしていると思う	.041	.525	-.008	.148
因子3：余暇活動 （a =.772）					
21.	自分の趣味など時間をとってゆっくりと楽しむのが好きだ	.072	-.001	.791	-.066
14.	私は時間があるときは，自分の趣味を行うことがある	.029	-.060	.685	.045
15.	日曜日などは自分の時間をつくって楽しむ	-.165	-.022	.656	.121
20.	時間をつくって，自分が楽しめることをしたいと思う	.132	.067	.616	-.067
因子4：地域活動 （a =.761）					
16.	町会など近隣の仕事に関わるのは楽しい	.036	.029	.054	.893
17.	町会など近隣の仕事に関わるのはおっくうである（＊）	-.003	.015	.094	-.657
22.	休日など地域との関わりが多い方だ	-.019	.018	.061	.622
寄与率（％）		14.096	11.973	9.346	8.150
累積寄与率（％）		14.096	26.070	35.416	43.566

資料2-2　妻の生活領域　因子分析結果（主因子法プロマックス回転　4因子固定）

項目内容（＊は逆転項目）	因子1	因子2	因子3	因子4
因子1：仕事関与 （a =.775）				
12. 私は仕事がうまく行っているときには，表情に出やすい	.752	-.008	.041	.020
11. 私は仕事が順調な時，家族とよく話をする	.662	.014	.039	.058
10. 私は休暇のときでも仕事のことが頭から離れないことがある	.613	-.083	-.026	-.077
9. 私は仕事のことで悩んだり喜んだりしている	.566	.076	-.039	-.003
13. 私は仕事の話をするとき，生き生きとしていると思う	.564	.039	.131	.045
8. 私は家族と話をするとき，仕事のことが多い	.498	-.067	-.048	-.085

〈巻末資料〉 171

項目内容				
因子2：家庭関与 （a =.726)				
1. 私は休暇のとき，夫と一緒にいる時間を大事にしている	.091	.748	-.078	-.059
3. 私は休暇のとき，家族みんなを誘って出かけることがある	.011	.590	.043	-.028
19. 時間をつくって，夫と旅行などに行きたいと思う	.100	.585	-.092	.082
2. 私は家族で食事をするとき，仕事のことだけでなくいろいろな話をする	-.051	.548	.047	.028
5. 私は忙しくて家族との会話が少ない（＊）	.224	-.508	-.068	.016
因子3：地域活動 （a =.731)				
16. 町会など近隣の仕事に関わるのは楽しい	.029	.023	.955	.011
17. 町会など近隣の仕事に関わるのはおっくうである（＊）	.026	-.027	-.689	.043
22. 休日など地域との関わりが多い方だ	.065	-.063	.455	.070
因子4：余暇活動 （a =.717)				
21. 自分の趣味など時間をとってゆっくりと楽しむのが好きだ	-.005	-.030	-.101	.838
20. 時間をつくって，自分が楽しめることをしたいと思う	.061	.017	-.117	.596
14. 私は時間があるときは，自分の趣味を行うことがある	-.070	.035	.144	.592
15. 日曜日などは自分の時間をつくって楽しむ	-.044	-.022	.151	.508
寄与率（％）	14.723	10.322	9.364	7.767
累積寄与率（％）	14.723	25.044	34.409	42.176

資料2-3　夫から見た夫婦関係の因子分析結果（主因子法プロマックス回転，2因子固定）

項目内容（＊は逆転項目）	因子1	因子2
因子1：満足感 （a =.954)		
9. 妻との関係によって，私は幸福である	.868	-.019
7. 私と妻の関係は，非常に安定している	.860	-.037
8. 私たちの夫婦関係は，強固である	.859	-.004
13. 夫婦でお互いを思いやっている	.844	-.017
11. 私は夫婦関係のあらゆるものを思い浮かべると，幸福だと思う	.829	.019
2. 私たちは，申し分のない結婚生活を送っている	.820	-.007

12. 妻は夫婦の会話を大事にしている	.792	-.041
5. 私は妻から受け入れられている	.790	-.022
2. 妻にはいろいろな話ができる	.787	-.004
10. 私は，まるで自分と妻が同じチームの一員のようであると，ほんとうに感じている	.771	.028
3. 私は妻とはなんでも話ができる	.770	-.020
14. 私が悩んでいるとき妻は相談相手になってくれる	.758	.020
19. 私は妻を尊敬している	.705	.027
20. 私は妻とできるだけ一緒に出かけたり，旅行がしたい	.651	.142
1. 私は妻と納得のいくまで話をすることが良くある	.605	.003
4. 妻には頼みたいことがあってもなんとなく言い出しにくい（＊）	-.426	.090
因子2：相手への要望（α =.792)		
17. 妻には私の話をよく聞いてほしい	-.019	.882
16. 妻には家庭や家族のことについてできるだけ関心をもってほしい	.051	.742
15. 妻には私の考えを受け入れて尊重してほしい	.034	.644
18. 妻には子どもに今以上に関わりを持ってほしい	-.114	.565
寄与率（％）	47.630	9.886
累積寄与率（％）	47.630	57.516

資料2-4　妻から見た夫婦関係の因子分析結果（主因子法プロマックス回転，2因子固定）

項目内容（＊は逆転項目）	因子1	因子2
因子1：満足感（α =.962)		
9. 夫との関係によって，私は幸福である	.913	-.056
7. 私と夫の関係は，非常に安定している	.894	-.040
8. 私たちの夫婦関係は，強固である	.847	.003
13. 夫婦でお互いを思いやっている	.844	.018
11. 私は夫婦関係のあらゆるものを思い浮かべると，幸福だと思う	.844	.000
6. 私たちは，申し分のない結婚生活を送っている	.844	-.047
14. 私が悩んでいるとき夫は相談相手になってくれる	.827	-.043
2. 夫にはいろいろな話ができる	.817	-.001
12. 夫は夫婦の会話を大事にしている	.808	-.049

項目	因子1	因子2
10. 私は，まるで自分と夫が同じチームの一員のようであると，ほんとうに感じている	.796	.027
3. 私は夫とはなんでも話ができる	.774	.029
5. 私は夫から受け入れられている	.773	.017
19. 私は夫を尊敬している	.770	.048
20. 私は夫とできるだけ一緒に出掛けたり，旅行がしたい	.704	.149
1. 私は夫と納得のいくまで話をすることが良くある	.675	.009
4. 夫には頼みたいことがあってもなんとなく言い出しにくい（＊）	-.447	.084
因子2：相手への要望（a =.785)		
16. 夫には家庭や家族のことについてできるだけ関心をもってほしい	-.007	.818
17. 夫には私の話をよく聞いてほしい	.067	.787
18. 夫には子どもに今以上に関わりを持ってほしい	-.222	.609
15. 夫には私の考えを受け入れて尊重してほしい	.114	.593
寄与率（％）	51.547	9.279
累積寄与率（％）	51.547	60.826

資料2-5　夫のストレスの因子分析結果（主因子法，1因子固定）

項目内容（＊は逆転項目）	因子1
因子1：ストレス（a =.899)	
7. 私はイライラしている	.788
4. 私は不安である	.768
6. 私はピリピリしている	.756
2. 私は安心している（＊）	-.705
8. 私はなにかしら緊張している	.695
3. 私は何かまずいことが起こりそうで心配である	.658
9. 私はリラックスしている（＊）	-.642
1. 私は平静である（＊）	-.637
10. 私は心配事が多い	.631
5. 私は気分が良い（＊）	-.593
寄与率（％）	47.630

資料 2-6　妻のストレスの因子分析結果（主因子法，1 因子固定）

項目内容（＊は逆転項目）	因子1
因子1：ストレス（ a =.892）	
4. 私は不安である	.744
8. 私はなにかしら緊張している	.724
6. 私はピリピリしている	.723
7. 私はイライラしている	.716
2. 私は安心している（＊）	-.695
9. 私はリラックスしている（＊）	-.667
3. 私は何かまずいことが起こりそうで心配である	.635
10. 私は心配事が多い	.634
1. 私は平静である（＊）	-.615
5. 私は気分が良い（＊）	-.570
寄与率（％）	45.482

資料 2-7　子どものストレスの因子分析結果（主因子法，1 因子固定）

項目内容（＊は逆転項目）	因子1
因子1：ストレス（ a =.867）	
4. 子どもは不安である	.760
6. 子どもはピリピリしている	.687
3. 子どもは何かまずいことが起こりそうで心配である	.668
7. 子どもはイライラしている	.661
8. 子どもはなにかしら緊張している	.652
10. 子どもは心配事が多い	.637
2. 子どもは安心している（＊）	-.625
9. 子どもはリラックスしている（＊）	-.587
5. 子どもは気分が良い（＊）	-.542
1. 子どもは平静である（＊）	-.448
寄与率（％）	39.910

あとがき

　筆者は長年父親の役割について研究を継続してきました。その一連の研究の中から家庭での父親の子育てへの関りが夫婦関係，家族の環境形成に強い影響力を持つということを確認してきました。しかも，より重要なこととして次世代を担う子どもの精神的な発達にも大きな影響をもたらすことが確認できたことでした。また，次世代を担う子どもの持つ父親像もやはり目の前の父親の関わり方が影響していることも確認できています。

　このような取り組みの中で，家庭生活の問題の一つとしてワーク・ライフ・バランスを取りあげるようにもなりました。ワーク・ライフ・バランスという言葉を用いて研究として取り上げたのは9年前のことです。改めて考えてみれば父親の家庭への影響を調べている時に，既にワーク・ライフ・バランスの重要な部分について探求していた訳ですが，当時はワーク・ライフ・バランスの枠組みを念頭に置いた探求をしていたのではなく，あくまでも父親という存在に焦点を当てていました。

　今回，子どもの成長・発達に伴うライフステージの視点を入れて，時間的展望に基づくワーク・ライフ・バランスの理想的な姿を検討しました。その結果，時間の変化に基づく状況を曲がりなりにも捉えることはできたかと思います。しかしその一方で人々を取り囲む環境の変化は非常に速いスピードで複雑に進行しています。人々の生活の場を囲んでいる文化・イデオロギーなどのマクロシステムをはじめとして，生活の場である家庭や学校などのマイクロシステムに至るまで多くの事象が流動的に私たちの生活に影響を及ぼし続けています。その結果，従来の価値観のしがらみの中では生活そのもの，あるいは生き方に支障が生じるために新しい時代に適合した生き方を我々は模索し続けています。フリーランスを始めとして新たな労働形態の登場など

に見られるように人の生き方の多様化にも影響しており，ライフステージでは捉えきれない次元の変化です。これから先ワーク・ライフ・バランスの研究にあたり，このような視点を補うことも課題として残されていると考えます。

　そして，より現実的には，私達が理想的な生活を送るためにも，自分たちの生活を取り囲んでいる種々の状況と進むべき方向について常に俯瞰する視点を持ち続けることがより良いワーク・ライフ・バランスを送り，人間らしく生きていくための基本になると考えます。

　本書では今回の調査結果を中心として，それに関連することを紹介しました。しかし，まとめようとすればするほど，ワーク・ライフ・バランスの奥深さと広がりを感じることとなり，十分にはまとめ切れていないと思っています。それはとりもなおさず，上述のように絶えず変化し続ける時間の流れの中で多様化・複雑化した生活環境の中にさらされながらも，人それぞれ，そして家族それぞれに，無限に近い新しい価値観や生き方を力強く模索し生み出し続けていることを予想以上に感じ取ることができたからです。しかし，今後もより人間らしく生きるということについて，多様化する価値観や生き方を構造的に捉える工夫をしながら，ワーク・ライフ・バランスを追及して行く必要があると考えています。

　本書の中で紹介しました調査についてはその実施にあたり多くの関係機関の方にご協力を頂きました。愛知県をはじめとして埼玉県，千葉県，東京都などの保健センター，幼稚園・保育園，小学校，中学校，高校，大学の関係者の方，調査にご協力いただきました御家族の皆様，また調査のために仲介して頂きました教育委員会の方々に心から感謝申し上げます。さらに，研究に協力的に関わって頂きました研究者の方々，そして，出版にあたり快くお引き受けくださいました風間書房の風間敬子様に心から御礼申し上げます。同時に，本書が風間書房から出版されることに深い感慨を覚えます。

尾形　和男

事項索引

あ
愛着関係　47
愛着理論　47

い
育児休暇　37
育児休暇取得率　37, 49, 50
育児休暇取得期間　50
育児休暇取得日数　51
育児ストレス　35, 37, 147
育成会　18
イクメン　49
因子分析　70, 77, 83, 88, 97, 103

う
うつ病　34

え
S-M 社会生活能力検査　148
SQ　148-159
M 字型就労　75

お
OECD　52
おやじの会　7

か
介護離職　138
介護離職ゼロ　139
学齢期　57
家族機能　62, 67, 109-112, 114-115, 119, 121
家族システム論　48
家族の発達段階　59
過労死ライン　33, 53
コミュニティ・保育　7
コミュニティ・スクール　7, 8

き
キャリア教育　160
教育再生　7, 8
教師の動機づけ　54

け
結合性　67, 109
権威的　67, 109

こ
合計特殊出生率　40

さ
三歳児神話　47

し
ジェンダーギャップ　29, 37-39
ジェンダーギャップ指数　54
仕事中毒　34
自己開発　61, 144
自己実現　4, 56
思春期　57
児童虐待　37, 147
社会生活指数　148

新婚期　57

す
ストレス　3, 19-21, 37, 48, 61, 62, 97-107
ストレッサー　52

せ
生活サポート　15
専業主婦家庭　30, 67-68, 70, 71, 83, 85, 97-98, 102, 109-110, 123, 126-127
前学齢期　57

た
第二反抗期　101, 126
多変量分散分析　85, 98, 110
男女共同参画　6

ち
地域連携　7
超高齢化社会　56

て
デイサービス　14, 15, 139
ディーセント・ワーク　9, 141
テレワーク　140

と
共働き家庭　29-30, 74-75, 77-79, 87, 93, 102, 106-107, 114, 119, 127-128, 132

な
認定こども園　17

は
排出期　59

パートタイム　106
働き方改革　4, 5, 8
パパ・クォーター制度　49

ひ
表現性　67, 109, 125

ふ
ファザーリング・ジャパン　49
夫婦関係　61, 145
フリーランス　39
フルタイム　106

み
民主的　67, 109

や
役割分担意識　38, 39

よ
養育期　59

ら
ライフコース　42
ライフサイクル　57, 59
ライフステージ　27, 29, 32, 45, 57, 61, 67-77, 79-81, 83-85, 87-90, 93-94, 97-105, 109-115, 119, 121, 123-125, 127, 128, 131-133, 146

わ
ワーク・ファミリー・コンフリクト　48, 145, 146
ワーク・ライフ・バランス観　162
ワーク・ライフ・バランス憲章　4, 127

人名索引

A
Aasland, O. G. 48, 146
阿南あゆみ 48

B
朴志先 86
Bowlby, J. 47

C
Casanova, G. M. 37

D
Darcy, C. 48
Domanic, J. 37
堂上禎子 126
Dumazedier, J. 61, 144

E
江原由美子 42
Espnes, G.A. 48, 146

F
Falkum, E. 48, 146
藤沢洋子 48
福田佳織 87
福丸由佳 129

H
平田良江 129
原田正文 125
橋本鉱市 7

Hill, R. 57

I
尹　靖水 86
市来百合子 126
今栄国晴 97
Innstrand, S. T. 48, 146
井村　健 126
井上輝子 42
石村貞夫 71
石村友二郎 71
伊藤久美子 48
岩下好美 73
岩田銀子 48

K
片桐千鶴 48
金井篤子 145
加藤千恵子 71
加藤容子 132
川上憲人 73
川本利恵子 48
柏木惠子 83
金　潔 86
桐野国史 86
岸田裕子 73
小泉智恵 129
小松良子 48
近藤理恵 86
小山嘉紀 86
越　良子 87

久保恭子　73, 129
倉持清子　73, 129
京須希実子　7

L
Lamb, M.　47
Langballe, E. M.　48, 146

M
松井滋樹　37
松本　恵　141
McCanne, T.R.　37
McCarthy.　48
Milner, J. S.　37
Minuchin, S.　48
三澤寿美　48
宮下一博　147
望月崇　58
森岡清美　57
森下葉子　87
諸井克美　83
無藤　隆　129

N
中島一憲　52
中嶋和夫　86
中山美由紀　129
名取初美　129

O
尾形和男　69, 70, 87, 147, 162
荻原結花　129
及川裕子　73, 129
岡堂哲雄　74

岡本裕子　131
大井けい子　129
大久保千恵　126
大野祥子　83
大関信子　129
太田　仁　161

R
劉　晨　71

S
佐々木毅　34
佐藤　愛　129
佐藤淑子　73
柴田栄治　48
椎葉美千代　48
Silverberg, S. B.　101
島田恭子　73
島津明人　73
清水秀美　97
Steinberg, L.　101

T
田村　毅　73, 129
寺田盛紀　160
坪田雄二　87

W
渡辺さちや　110

Y
山口一男　31, 145
大和礼子　87

編著者紹介

尾形 和男（おがた・かずお）担当章　第1章，第2章，第3章，第4章，第10章
　　　　　千葉大学教育学部卒業
　　　　　東京学芸大学大学院教育学研究科修士課程修了
　　　　　博士（教育学）東京学芸大学　群馬医療福祉大学教授，愛知教育大学教授を経て
現　在　埼玉学園大学特任教授・愛知教育大学名誉教授
専門分野　生涯発達心理学，教育心理学
　　　　　父親を中心とする家庭環境と子どもの成長・発達，学習行動などについて研究
主　著　【家庭環境と子どもの学業達成】共著　教科学を創る　第2集　愛知教育大学出版会　2015
　　　　　【発達と学習の心理学】編著　田研出版　2013
　　　　　【父親の心理学】編著　北大路書房　2011
　　　　　【学校司書のための子ども論】単著　愛知教育大学出版部　2010
　　　　　【家族システムにおける父親の役割に関する研究―幼児，児童とその家庭を対象として―】単著　風間書房　2007
　　　　　【家族の関わりから考える生涯発達心理学】編著　北大路書房　2006
　　　　　【父親の育児と子ども―育児は夫婦関係と父親を変化させる―】「心理学とジェンダー―学習と研究のために―」共著　有斐閣　2003

執筆者紹介

福田 佳織（ふくだ・かおり）担当章　第4章 専業主婦家庭，第5章 専業主婦家庭，第6章 専業主婦家庭，第7章 専業主婦家庭，第8章 専業主婦家庭，第9章 専業主婦家庭
　　　　　茨城大学教育学部卒業
　　　　　東京学芸大学大学院教育学研究科修士課程修了
　　　　　東京学芸大学大学院連合学校教育学研究科博士課程修了
　　　　　博士（教育学）東京学芸大学
現　在　東洋学園大学教授
専門分野　発達心理学
　　　　　食事場面における乳児と父親・母親との相互作用と幼児期のアタッチメントとの関連性などについて研究
主　著　【笑って子育て―物語でみる発達心理学―】編著　北樹出版　2012

森下 葉子（もりした・ようこ）担当章　第4章 共働き家庭，第5章 共働き家庭，第6章 共働き家庭，第7章 共働き家庭，第8章 共働き家庭，第9章 共働き家庭
　　　　　東京女子大学文理学部卒業
　　　　　東京学芸大学大学院教育学研究科修士課程修了
　　　　　東京学芸大学大学院連合学校教育学研究科博士課程修了
　　　　　博士（教育学）東京学芸大学
現　在　文京学院大学准教授
専門分野　発達心理学，保育・幼児教育学
　　　　　父親・母親の子育てを通しての発達について，また乳児との共同注意場面における母親の関わりなどについて研究
主　著　【子どもの育ちを支える発達心理学】共著　朝倉書店　2013
　　　　　【事例で学ぶ保育内容　領域　人間関係】共著　萌文書林　2008

家庭と仕事の心理学
――子どもの育ちとワーク・ライフ・バランス――

2018年3月31日　初版第1刷発行

編著者　　尾　形　和　男

発行者　　風　間　敬　子

発行所　　株式会社　風　間　書　房
〒101-0051　東京都千代田区神田神保町1-34
電話 03(3291)5729　FAX 03(3291)5757
振替 00110-5-1853

印刷　堀江制作・平河工業社　　製本　井上製本所

©2018 Kazuo Ogata　　　　　　　　　NDC分類：140
ISBN978-4-7599-2222-6　　Printed in Japan

JCOPY 〈(社)出版者著作権管理機構 委託出版物〉

本書の無断複製は、著作権法上での例外を除き禁じられています。複製される場合はそのつど事前に(社)出版者著作権管理機構（電話 03-3513-6969、FAX 03-3513-6979、e-mail: info@jcopy.or.jp）の許諾を得て下さい。